子どもが笑顔で動き出す

本当に伝わる言葉がけ

教育家・見守る子育て研究所 所長

川大介

ばる舎

とある平日夕方の出来事

ママー！ママあそぼ！
着がえた
ママ今からごはん作るから後でね
アニメでも見せとくか…
こら！あんたはテレビ見ずに宿題！
じっ…
終わったらテーブルの上片付けて明日の準備！
ごはんそろそろできるよ〜
サッ
サッ
床とテーブルの上片付けてくれた？
ぜんっぜん片付いてないじゃない！
ほら宿題もおもちゃも片付けて！
明日の準備したの!?
ただいまー
ヨーグルトと牛乳買ってきたぞ〜
ハッ
パパおかえりー！
ダッ
ヨーグルト
たべる!!
ごはんの後だろ
いまたべる
まったく言うこときかない！
私って親失格なのかも!?
いやいやそんな難しいことじゃないですよ
がんばりすぎ
がんばりすぎ
子どもの事情がわかったら簡単だから

はじめに

――言葉がけは「聞く」「見る」が9割

注意しても子どもに全然伝わらない……！

冒頭の漫画（とある平日夕方の出来事）をご覧になって、「わかる〜」「ウチもある！」と思われた親御さんも多いのではないでしょうか。

遊び優先で、宿題をなかなかやってくれない。
反応が薄く、こちらの話が伝わっているのかわからない。
注意しても右の耳から左の耳へ抜けていき、同じことを何度も言わせる……。

親御さんたちから、しばしば聞かれる悩みに「言葉がけ」の問題があります。

「どうしたら言うことを聞いてもらえますか？」

「こんなとき、子どもに何と言えばよかったのでしょう」

「注意しなくても、自ら進んで動くようになってほしいのですが……」

こんなご相談をよく受けます。

「どんな言葉？」の前に「子どもがどんな様子か」に注目

「言葉がけ」と聞くと、大人はかける言葉のほうに注目しがちですが、実際には、子どもの心に届く言葉がけができている人というのは、「子どもの話を聞く」「子どもの様子を見る」ことに9割の力を使っています。

子どもをしっかりと観察したうえで、残りの1割で言葉を選んでいるのです。

つまり、言葉がけのポイントの9割が「子どもを観察すること（子どもの話を聞いて様子を見ること）」で、あと1割が「言い方を変えること（見聞きしたことの正しい解釈と、言葉の選び方）」だということです。

私が子育てのご相談を受けるときも、私のすることと言えば、お子さんの様子を聞かせていただく、見せていただくことが大半です。そして最後に「それならばこうしたらどうでしょう」というアドバイスを1つか2つお伝えして完了します。

「たったそれだけ？」とお思いになるかもしれませんが、ご相談に来られた方はみなさん、「それなら大丈夫そうです」と、スッキリした様子で帰っていかれます。

なぜ、9割の力を観察（「聞く」「見る」）に使うのか。それは、同じ「なかなか始めようとしない」という場面でも、その子の「事情」によって、対応を変えなければならないからです。「やりたくない」のか、「やり方がわからない」のか、「単純にやるのを忘れている」のか、事情によって、かけるべき言葉は異なります。

ですから、**まずは子どもの様子をよく観察して、子どもの表面的な行動や言動の裏にある事情を汲《く》み取ることが大切**なのです。

ほとんどの親は、すでに言葉がけの9割ができている

私は学生時代を含めてこれまでおよそ30年間、子どもの教育に関わる仕事をしています。私が設立した中学受験専門の個別指導塾では、6000組を超える親子と面談を重ね、たくさんの親御さんやお子さんたちの話を伺ってきました。

現在は、塾の経営から退き、本の執筆や講演などを通じて、子どもを信頼するための知識と技術の体系「見守る子育て」を広める活動を行っています。

こうした経緯もあり、周りから「言葉がけには困ったことがないんでしょ?」「お子さんから反抗されたことなんてないんでしょ?」と思われがちですが、もちろんそんなことはありません。息子と激しい言い争いになったことも、感情的になった自分をひどく反省したことも、幾度となくあります。

それだけ、親はわが子に対して、みな必死だということです。失敗させたくない。だからこそ、冷静に子どもの事情が見られなくなってしまうのです。

これまでに、多くのご家庭の様子を見聞きしてきて、私から1つ言えることがあります。先ほど「言葉がけは観察（「聞く」「見る」）が9割」とお伝えしましたが、これには続きがあって、「だからお母さん、お父さんたち、たぶん9割は、もうできてますよ」ということです。誰よりも子どもの話を聞き、子どものことを見ているのは、やはり「親」なのです。

まじめな人ほど「私はこの子への愛情が足りないのでは」と悩みがちですが、そんなふうに心配する方はすでに十分な愛情をお持ちの方ですから、心配はいりません。自信を持っていいですよ、と断言できます。

大丈夫なはずの親御さんたちが仮に今うまくいっていないとしたら、それは聞こえたこと、見えたものの解釈を誤ってしまっているだけなのです。

知っておくべきは「子どもの事情」

親御さんが何かを言葉で伝えたとき、お子さんが思うように反応してくれなかったとしたら、そこには必ず、子どもなりの「事情」があります。

ですが、子どもは自分の事情を言葉でうまく説明できないので、「黙り込む」「スルーする」「逆ギレする」といった形で反応します。それを大人が表面的に解釈して悪くとってしまうことで、いら立つのです。

一方、**子どもの反応の裏にある、彼らなりの事情がわかると、適切な関わり方ができるようになり、親の側がイライラをつのらせるといった事態が減っていきます。**

大人も子どもも、家庭の中で気分よく過ごすことができるようになり、親御さんは「うちの子、大丈夫。私も大丈夫」と自信を持てるようになります。

すると、お子さんも「自分は大丈夫」という自信がわいてくるのです。

この本では、親御さんたちが子どもの事情を汲《く》み取ることができるようになる「知識」と、適切な関わりができるようになる「技術」をお伝えしていきます。

子どもの個性はさまざまですから、言葉がけというのは一律に「こういう場合はAというフレーズを使えばいい」というものではありません。

その子の個性や、そのときの事情により、Aでうまくいくときもあれば、Bのほうがいい場合、Cが一番効果的な場合もあります。

ですから親御さんが知っておくといいのは「伝わるフレーズ」そのものではなく、「子どもの事情」であり、ひいてはその事情を理解できるようになるための「見守り方」なのです。

たった1割変えるだけで状況がうまくまわりだす

こんなふうに言うと、なんだか難しいことが書いてあるように思われるかもしれませんが、本書では、親御さんたちからいただいた実際の悩みにお答えしたり、わかってはいても、つい言ってしまいがちな「NGワード」について解説したりするなど、身近な話題を引き合いに出して言葉がけのコツを説明していきます。

肩の力を抜いて、興味をひかれたページから読んでいただければと思います。

悩まれている親御さんは、実際お子さんをものすごくよく見ていますし、お子さんの話もよく聞いています。言葉がけポイントのうち、もう9割はできています。ただ、見たこと、聞いたことの捉え方がわからなくて苦しまれているだけです。その捉え方さえわかれば、シンプルな言葉、シンプルな行動で状況がうまくまわり始めます。ですから、手立ては1割でいいわけです。

この本を通じて、その1割をどうしていけばいいのかについてのヒントを得ていただけたら、うれしく思います。

小川大介

はじめに——言葉がけは「聞く」「見る」が9割 4
親子の愛情チェックリスト 19

第1章 どうして聞いてくれないの? 子どもが親の話を聞かない理由

どうして言うことを聞いてくれないの? 24
子どもにも事情がある 30
「言うことを聞かない子ども」の正しい解釈 36
一律に有効な言葉がけというものはない 46
column……1 子どもに100点を求めないで 52

第2章

ついつい言ってしまう…子どものやる気を失わせる親の7大セリフ

「NGワード」は親の気持ちが正しく伝わらない言葉　54
7大セリフ1　親が時間に追われているとき
NGワード　「早くしなさい！」「時間だよ！」　56
7大セリフ2　任せたいけれど子どもを信じきれないとき
NGワード　「○○したの？」「終わった？」　58
7大セリフ3　わが子をほかの子と比べて不安になったとき
NGワード　「○○ちゃんは、できてるよ」　60
7大セリフ4　子どもの「できていない」に心がざわつくとき
NGワード　「なんで○○できないの？」　62

7大セリフ5 子どもの行動が親のやってほしいことと違うとき
NGワード 「ちゃんとしなさい！」 64
7大セリフ6 何度注意しても状況が改善しないとき
NGワード 「何回言えばわかるの!?」「これ何回目？」 66
7大セリフ7 口ごたえを受け入れるだけの余裕が親側にないとき
NGワード 「いいからやりなさい！」 68
column……2 「自分でやって！」はNGワード？ 70

第3章

こんなときどうしたらいい？
親の悩みの裏にある「子どもの事情」と解決法

年齢に応じて悩みも必要な言葉がけも変わります 72

どうしてやってくれないの？ 1 注意しても言うことを聞いてくれない
事例1 怒られないとやらない（3歳男子） 76
事例2 すぐに取りかからない（小1女子） 80
事例3 何度注意しても同じ間違いを繰り返す（小1男子） 84
事例4 宿題や明日の準備をしようとしない（小3男子） 88
どうしてやってくれないの？ 2 アドバイスをしても納得しない
事例5 「でも……」「だって……」を繰り返す（小1男子） 98
どうしてやってくれないの？ 3 口ごたえをしてくる
事例6 イヤイヤばかりで対応に困る（2歳女子） 104
事例7 不得意教科の勉強をしたがらない（小3男子） 110
column.....3 勉強が嫌いな子はいません 115

どうしてやめてくれないの？1 遊びに夢中
事例8 「区切り」をつけられない（4歳女子）……116
事例9 終了時間が来てもゲームをやめない（小2男子）……123
column……4 子どもに身につけさせたい時間管理スキル……128
どうしてやめてくれないの？2 話しかけてもこっちを向かない
事例10 声をかけても生返事。しまいに逆ギレ（小2女子）……129
意味がわからない！1 聞く耳を持たず反抗してくる
事例11 100％言い返してくる（小4男子）……136
事例12 大人顔負けの反論がつらい（小5女子）……141
意味がわからない！2 事実と違うことを言う
事例13 遊んでいるはずなのに「遊んでいない」と言う（3歳男子）……148

事例14 宿題をしていないのに「やった」とうそをつく（小4女子） 154
column.....5 低学年の子に15分以上の集中は難しい 158

第4章

イライラ・モヤモヤが減る！ 子どもが笑顔で動き出す親の習慣

声をかけていいタイミングを子どもに聞く 160
「どうすればできるか」を子どもと一緒に考える 164
「できているところ」にフォーカスする 168
いきなり本題から入らない 172
子どもに手柄をあげさせる 176
好きなことを子どもに教えてもらう 181
親は自分の人生を楽しむ 184

第5章

頑張らなくても大丈夫！
親の自信を取り戻すヒント

言葉がけの本で「親の自信」についてお話しする理由 188
「今の自分でいいじゃない」のマインドを持つ 190
結局「いい親」ってどんな親？ 195
子どもが母親にわがままを言いがちな理由 200
自分にOKを出して自信を取り戻す 204
「ママのことほめて」と言ってみる 209
「一緒にやろっか」と言う回数を増やす 214
考えごとは夜ではなく朝起きてから 218
column……6 シングル家庭の親子の関わり 220

おわりに――親が子どものためにできること 221

親子の愛情チェックリスト

本文に入る前に、親子の愛情チェックリストを用意しました。

というのも、ご相談に見えるまじめな親御さんほど、親子間のちょっとしたやりとりに思い悩んだり、落ち込んだりされていることが本当に多いからです。

「イラッとしてきつい言葉を使ってしまった自分は、わが子を愛していないのかも」「子どもから『もうママ嫌い、あっち行って！』と言われてショック」などなど。

そんなとき私は「じゃあ、お子さんは親御さんのことが嫌いなんですか？」とお聞きします。すると、みなさん「いや、それはないと思うんですが……」と返されます。


次ページのリストに挙げた内容はすべて、愛情から来る気持ちや行動です。

「親編」「子ども編」それぞれ、当てはまるものにチェックを入れてみてください。

項目にチェックが入るということは、親御さんにも、お子さんにも、お互いへの愛情がちゃんとあるということです。ですから安心して本書を読み進めてくださいね。

親編

□子どもがニコニコしているとうれしい
□何かにつけて子どもの写真や動画を撮ってしまう
□幼稚園や保育園、学校でどんなふうに過ごしているか気になる
□寝顔を見て「かわいいな」と思う
□必要以上に怒ってしまった日、申し訳ない気持ちになる
□子どもが望むことはできる限りかなえてあげたいと思う
□出かけた先で危ない目に遭わないか心配になる
□子どもの誕生日を一緒に祝ってあげる
□「おいしい」と言われたおかずは、また作ってあげたくなる
□子どもには幸せな人生を歩んでほしいと思っている

子ども編

- □何かというと「ねえねえ」「見て！」と話しかけてくる
- □親の姿を見ると駆け寄ってくる
- □親が作った食事をおいしそうに食べる
- □手をつなぐ、抱きつくなどスキンシップを求める
- □親が具合が悪そうにしていると心配してくれる
- □何かに驚いたりすると親にくっついてくる
- □周りには「いい子」なのに、親にだけは不機嫌な顔を見せる
- □自分で描いた絵、工作や折り紙の作品などをくれる
- □食べているおやつを分けてくれる
- □遠慮なくわがままを言ってくる

第1章

どうして聞いてくれないの？
子どもが親の話を聞かない理由

　個別のケースについてお話しする前に、そもそも子どもは、なぜ親の言うことを聞いてくれないのかを解説します。

　子どもたちは決して、親御さんたちを困らせようとして言うことを聞かないのではありません。子どもには子どもの「事情」があり、それが親御さんの「事情」とかみ合っていないだけなのです。

どうして言うことを聞いてくれないの？

右の耳から左の耳へ抜けてしまう親の言葉

注意しても「はーい」と返事だけ。

あるいは、あからさまにイヤな顔をして「わかってる！」と逆ギレ。

何回言っても、脱いだズボンのポケットからティッシュを出さないし、遊びに夢中で勉強は後回しだし。小言を言ってばかりの自分がイヤになる……。

心当たりのある方は多いかもしれませんね。

では、どうすれば、右の耳から左の耳へ抜けてしまう親の言葉を、子どもの中にとどめておくことができるのでしょうか——。

まず最初に、みなさんに質問です。
親が子どもに小言を言いたくなるのは、どんなときだと思いますか？

それは……「子どものことが心配なとき」です。
「イライラする」「腹が立つ」「いいかげんにしてほしい」といった気持ちもあるでしょうが、掘り下げていくと、こういう気持ちも根っこのところには「自分がいなくても、この子はちゃんと育っていけるだろうか」という不安があるのです。

親は目の前の子どもを注意するとき、目の前のことだけでなく、実はその子の5年後、10年後、もしかすると20年後までをも視野に入れて注意をしているのです。

親と子で見ている時間の長さが違いすぎることが問題

たとえば、子どもが部屋を散らかしてなかなか片付けない様子を見たとき、親御さんたちの心の中には次の2つの気持ちが同時にわき上がってきます。

【現在】散らかっていると危ないし落ち着かないから部屋を片付けてほしい
【未来】このままだと、整理整頓ができないだらしのない大人になるのではないか

現在のことに加えて、勝手に10年以上先のことまで心配してしまっている。これが親心です。

一方で、**子どもには今この瞬間しか見えていない**ため「物がいくつか床に転がっているけれど、わたしはそんなに困ってないよ」くらいにしか捉えていません。

ですから「また散らかして！　いつも言ってるよ。今すぐちゃんと片付けて！　片付けくらいできるようになりなさい！」と怒る親の様子を見ても、子どもからすると当然、親の本心などわかりません。

するとと、子どもの側としては、どうしても「この人は何をそんなに怒っているんだろう？」という反応になります。

親と子で見ている時間の長さが違いすぎるから、子どもに響かないのですね。

ですから、子どもにワーッと小言を言ってしまいそうになったときは、将来の話を混ぜて話を大きくしようとしていないかな？　とセルフチェックするといいですね。

目の前の話に集中して、落ち着いて伝えることが、子どもに伝わる注意の仕方のコツです。

今は今の話を。未来の話は余裕があるときに

親というのは常に子どものことを気にかけています。子どもの将来が心配で、親御さんがあせったり不安を持つのは当たり前です。

ですが、今すぐにしてほしいことがある場合は、今の話に絞ったほうが子どもも言うことを聞きやすくなります。**将来の話は、今してほしいことが完了したあと**です。

あせった気持ちで将来の話をしても、まず伝わりません。

親の側があせっていると「いいから聞きなさい」といった言い方になってしまい、子どもが聞く姿勢を作れないからです。

気持ちをなんとか落ち着けて、「大事な話をしたいから聞いてほしいんだけど……」

と切り出せると、状況はずいぶん変わります。

「えー、なに？」と面倒そうな素振りはするかもしれませんが、少なくとも「いいから聞きなさい！」よりもずっと、聞く姿勢を作ってくれます。

子どもの反応を正しく解釈するコツの1つが、**「今の話」と「未来の話」を分けて考える**ことです。お子さんと話すときはできるだけこの2つを切り分けるよう意識し、今伝えたいことは今だけの話をし、子どものこれからの育ち方について話したいときは、時間をとって家族でゆったりと話すようにしましょう。

日々の出来事と将来の不安を別々に整理していくと、ささいなことで必要以上にあせってしまったり、子どもが伝えようとしていることを見逃したりといったことが減っていきます。

子どもにも事情がある

子どもの事情「聞かない」「聞けない」「聞こえてない」

前の項目で、親が注意しても子どもに伝わらない理由は、親の側が勝手に未来の話を混ぜて話を大きくしてしまうから、ということをお話ししました。

一方で、子どもの側にも親の言葉を受け取れない事情があります。第3章で取り上げる個別のケースを理解する際にとても大切な話ですので、ここで「子どもの事情」についてお伝えしていきましょう。

子どもの事情というのは、その子の性格やその場の状況によってさまざまですから、一概に「こう」と言い切れるものではありません。

ですが、大きく分けると3つの事情があります。

①聞かない
②聞けない
③聞こえてない

まずは1つ目の「聞かない」。言葉からわかるように本人の何らかの意思の表れです。この場合は、何を望んでいるのか、どうしたいのかを聞いてあげればいいですね。

2つ目の「聞けない」というのは、「やり方がわからない」ということです。言われたことはわかっても、何をどうしたらいいのかわからない状態、あるいは、そもそも言われたことが何を意味するのかわかっていない状態です。

それならば何に困っているのかを確認し、動けるように手伝ってあげることです。

第3章にも出てきますが、たとえば「片付けなさい」というのは幼い子どもにとってハードルの高い言葉です。**「片付いた」とは、どういう状態なのかがよくわからないから**です。わからないから、その辺りのものをごちゃ混ぜのままガシャンと箱に入れて、また怒られる……。

こういう場合は、「片付けなさい」ではなく「おもちゃはおもちゃ、本は本で分けて、それぞれ決まった場所に戻そうね」と伝え、床の上に転がったものがなくなったら「すっきりしたね、ほら片付いた」と教えます。

「聞けない」ときは、できるだけかみ砕いて伝えるというのが効果的です。

そして、子どもの事情として一番多いのは、3つ目の「聞こえてない」です。

心が別のことに向かっていて、親の言葉が耳から入ってこない状態、言葉が音としては聞こえていても、本人の心の中で意味をなしていない状態です。

聞かない
聞けない
聞こえてない

「聞こえてない」ときの決まり文句は「わかってる」

この状態の子どもの決まり文句が「わかってる」です。

大人から見ると「わかってる、って言ったのにやらない。うそをついた」という解釈になるのですが、この「わかってる」は自動反応なので、本当の意味の「わかってる」だとは思わないほうがいいでしょう。

私の息子が小学生だったころにもよくありました。妻が言ったことに対し「うん、わかったぁ」と、かわいい声でいい返事をするのですが、そのまま遊び続けている。おかしいな？　と思って私が横から口をはさむと、「えっ？　何だっけ」と聞き返すことが……。

「わかってる」と返事があったからといって子どもの心に届いたとは限らないのです。

ですから、子どもに何かを伝えたいときには、もう一言添えたいですね。

「じゃあ、いつから始める？」と、行動を意識させる問いかけをするのもいいですし、「念のため、今ママがなんて言ったのか教えてくれる？」と、理解の度合いを確認するのもいいでしょう。

「聞こえてなかった」ことがわかれば、もう一度伝えてあげればいいのです。

今見えている子どもの姿、聞こえた言葉から感じた第一印象が、必ずしも大人の捉えた通りとは限らないよな、と考えてひと息入れる。

そうするだけで、子どもの事情をだいぶ理解できるようになってきます。

もしわからなければ、子どもに聞いてしまって構いません。たとえば「なかなか始めない」なら、「始めたくないのか、始め方がわからないのか、始める時間になったことに気づいていないのか、3つのうちどれ？」と本人に聞いてみましょう。

この「聞かない」「聞けない」「聞こえてない」の3分類のどれに当てはまるかを捉える練習をしていけば、子どもの事情に寄り添うスキルはどんどん磨かれていきます。

「言うことを聞かない子ども」の正しい解釈

親目線で決めつけていませんか？

「子どもが言うことを聞いてくれない」というのは、一歩引いた目線で見直してみると、親の側が「子どもに聞く態勢を作らせてあげていない」という面もあります。

「今は聞く態勢じゃなかったのかも」と親が気づけると話は平和なのですが、「この子は言うことを聞かない」と受け止めてしまうと、問題がややこしくなります。

「今はそのタイミングではない」だけなのに、「言うことを聞かない子だから厳しく言わないと」と見当違いの方向に行ってしまうのです。

似たような決めつけには、子どもが話そうとしているのに親が待ち切れず、話をさえぎってしまうケースもあります。

たとえば子どもに「今日は何食べたい？」と聞いたとしましょう。

子どもの頭の中には、ハンバーグ、カレー、ラーメン、オムライス……、さまざまな食べ物が浮かんできます。

そのうち親が待ち切れなくなり「もうそろそろ時間だから、早く決めて。カレーとうどんだったらどっち？」と尋ねます。

子どもは「あれ？　カレーとうどんに話が変わったぞ」とまた考えます。

そうしているうちに「もう、うどんでいいよね！　あんたは本当に自分の意見がないんだから……」と親が勝手に結論を出してキッチンへ行ってしまう……。

どこのご家庭でもよくあるシーンではないでしょうか。

子どもは考えようとしていたのに、親御さんが待ち切れず「意見のない子」と誤って解釈してしまい、**親の認識が子どもの実像からどんどん離れていく**ことは、日常で非常によくあることなのです。

親子がかみ合わないのは、お互いの真意に気づかないから

もう1つ挙げるとしたら、子どもには意見があるのに、親が「無意味に逆らおうとしている」と解釈をして、「いいからやりなさい」で済ませてしまうケースです。

たとえば宿題に国語の漢字と算数の計算が出て、子どもが「算数は苦手な割り算が入ってるから〝漢字〟からやろうかな」と考えているところに、親が「時間があるうちに苦手な〝算数〟を済ませたら？」と言ったとします。

子どもは自分なりの慎重さから「でも……」と言うのですが、親は「口ごたえしないで、やりなさい！」と言います。

納得できていないのに無理やり〝算数〟のほうから始めさせられて、案の定うまくいかず、結果ものすごく時間がかかってしまう……。

子どもには本人なりの理由があったのに、「意味なく逆らっているだけ」と親御さんが解釈したことで、話がかみ合わなくなってしまったのです。

では、親子の会話がかみ合わない状況は、どのようにして生じるのでしょうか？

主な理由は2つあります。

①今の話を子どもは知らない・わかっていない。それを親が理解しないまま「わかっているもの」と思って話すことで、かみ合わなくなる。

②親が忙しく、子どもの話を聞き流しがち。話の真意を汲《く》み取らないまま親が勝手に解釈をして話すことで、かみ合わなくなる。

①の場合も②も、同じ状況が繰り返されると、子どもから「ママ／パパは、いつもわかってくれない」と言われることにもなりかねません。

かみ合わない会話が重なり、子どもから「いつもわかってくれない」と言われると、ドキッとされるかもしれませんね。

けれども、子どもの側が「もう、この人に何を言っても伝わらない。理解し合えない」という確信を持つぐらいの強烈な状態でない限り、たいていの場合は、親子間のちょっとしたズレが原因です。そんなに気にされなくても大丈夫です。

子どもは親が思う以上にものを知らない

親子で話がかみ合わない理由の①に関して言うと、親世代が思っているほどには子どもたちがものを知らないという事情があります。

たとえば「返事をするときは相手に顔を向ける」というような常識を知らなくて、

びっくりするといったケースです。

インターネットの発達によって、子どもが出合える情報の量は、親世代が子どものときよりもはるかに多いのですが、社会の中で人とつながり合って生きていくための知識は、想像以上に少ないと思っておいたほうがいいでしょう。

昔は学校の先生や近所の大人たちもあれこれ注意してくれましたし、異年齢の関わりも今より多かったので、親がいちいち教えなくてもさまざまなことが自然と身につく環境がありました。しかし、今はそういう時代ではありません。

ですから、何でも「このくらいはわかるでしょ」と決めつけず、特に社会の中で生きていくための知識と知恵については、親御さんが詳しく説明するか、**意識的に色々な大人と出会わせて教えてあげたほうがいい**でしょう。私のおすすめは後者です。

次に、理由の②について。「勝手な解釈をして子どもを決めつけがち」と言うと、親御さんを責めているように聞こえるかもしれませんが、そうではありません。

というのは、そもそも今の親御さんたちは親としての余裕を持ちにくい状況に置かれているからです。

情報が多すぎて心の余裕が失われている親たち

どういうことかと言うと、親世代が子どもだったころと異なり、子育てに有益とされる情報が必要以上にあふれている今、子育てで親が一番怖いことは、**やるべきことが時間切れでできなくなってしまうこと**だからです。

「今しなければ取り戻せなくなる」という不安に追い立てられているので、何かを始めたいと思うと、子どもには今すぐ取りかかってほしくなります。子どもが動けば目に見える安心が手に入るからです。

そのときに「でも」と反論されたり、子どもがすぐに動かなかったりすると、もどかしくなってあせりがふくらんでいきます。

なぜあせるかと言うと、「今やらないと、この先困ったことになりそう」と、無意識に「将来の不安」を付け加えてしまうからです。目の前のことだけを見ればささいなことなのに、大きな問題の前兆のように感じてしまうのですね。

親御さんたちが子どもの解釈を誤ってしまいがちな背景には、情報が多すぎることで心の余裕が失われているという事情があるのです。ですから、親御さんは決して自分を責めないでください。

心の余裕を取り戻すポイントは、先ほどお話しした「今の話」と「未来の話」を切り分けて会話すること。それを意識するだけで、決めつける頻度が減り、かみ合わない親子の会話が減っていきます。

親の話を聞きたくない子はいない

お悩み相談の際に「先生が今言ったような言葉がけをしたこともあるのですが、うちの子は何度言っても言うことを聞いてくれなくて……」という反応をいただくこともあります。

なぜそういう状況が起きるかというと、その子には「注意されても行動に移さない」という習慣がついてしまっているのです。

普段から、親「宿題しなさい」、子「んー」と生返事、というやりとりのあと、結局、宿題をしないという状態が何度も続いている場合、お子さんは知らず知らずのうちに**「やらない練習」**をしてしまうのです。

親は子どもが成長すると「もう小学生なんだから、言われたらできるはず」と思いがちなのですが、これまで「言われてもやらない練習」をしてきた子が、じゃあ今日から切り替えて言われたらすぐ動くようにしよう、と急に変われるはずがありません。

すでにこういう習慣がついてしまっているなら、「宿題しなさい」「わかった」というやりとりの際には、そのあとすぐに「じゃあすぐやろう、一緒にやろう」と親が声をかけるなどして、子どもが一歩踏み出す手伝いをする必要があります。

たとえばお子さんが低学年の場合は、親子で一緒に、宿題に必要な筆記用具やドリルを机の上に並べる、最初の1ページを解いてみるなど、「こういうふうに体を動かすと宿題が始められるよ」ということをガイドするのです。

親に助けられながらも宿題をすることができたら、「よくできたね。次からもこんなふうにやってみてね」とほめる。すると、次回は一歩目の踏み出しが少しラクになります。

もしそうならなかったとしても、「この子は言うことを聞かない」のではありません。「『宿題をするときの体の動き』が、まだこの子の体になじんでいない」だけです。

子どもの意思の問題と捉えるから「反抗的だ」とか「私のことをナメている」と親子の関係がギクシャクしてしまうだけで、**単に体の動かし方に慣れていない場合が大半**です。間違った解釈をしないように心がけたいですね。

子どもは、聞けるものなら親の言うことを聞こうと思っているのです。

一律に有効な言葉がけというものはない

「どう言えば動いてくれるか」は子どもの状況によって異なる

親御さんたちと話していると、「どんな子どもでも、すぐに動いてくれる言葉」を探し求めている方が、少なからずいらっしゃるような印象を受けます。

でも残念ながら、そんな魔法のような言葉はありません。何を言えば動くか、動けるかというのは、タイミングや子どもの内面といった、子どもの側の状況によって異なるので、誰に対しても一律に有効な言葉というものはないからです。

身近な例で言えば、子どもにあいさつをきちんとしてほしいと思ったときの関わり方。その子の中にすでに「あいさつはちゃんとしたほうがいい」という知識があるなら、朝のあいさつをしても返事がなかったとき、親が「あれ？」と言うだけで、「おはよう」と言い直すことができます。

一方、あいさつの必要性がよくわかっていない子には、「相手と目を合わせて、『おはよう』って言うと、お互い気持ちがいいよ」などと説明する必要があるわけです。

言葉がけの本を読んで言葉のストックを増やすのはもちろんよいことですが、その中のどの言葉が、わが子に効果的なのかは、それぞれのご家庭で探っていただくしかありません。

でも、難しく考えなくて大丈夫です。ああしよう、こうしようとあらかじめ作戦を立てるより、**「今日は素直に言うことを聞いたな」と思ったときに、「どうしてだろう？」と理由を振り返るようにするのが近道**です。うまくいった事例から「うちの子がうまくいく言葉がけ」の経験をどんどん増やしていくことがコツです。

あれこれ言う回数を半分に減らしてみる

「なかなか言うことを聞かない」と口にしがちな親御さんの特徴の1つは、子どもにあれこれ伝えすぎている、ということです。

あれこれ言う回数を半分に減らしたうえで、「今、ママ／パパが言ったことの理由はわかってくれてるかな？」とか「いつからやろうと思った？」などの問いかけをはさむようにすると、子どもの聞いてくれ方がずいぶん変わります。

あれこれ言う回数を減らしたほうがいい1つ目の理由は、**人はあれこれ言われると防御態勢に入ってしまう**からです。

たとえば、上司や知り合いがお決まりの昔自慢を話し始めたら、「ああ、またその話か」と聞き流してしまうことがあるかと思います。それと同じで、注意や指示を何度も繰り返されると、子どもはスルーする態勢に入ってしまいます。言えば言うほど心に残らなくなるのです。

もう1つの理由は、**あれこれ続けて言われると、1つの話を聞き終えても、また次の話が耳に入ってくるので、自分事としてじっくり考える時間がなくなる**からです。

たとえば来客があるので部屋を片付けてほしいという場面。「5時にお客さんが来るからそれまでに片付けなさい」という伝え方では子どもがすぐに動いてくれず、親御さんが5時間際《まぎわ》に「早く！」と子どもを再度急《せ》き立てるパターンになりがちです。

そうではなく、「5時にお客さんが来るよ」で一度話を切って、「片付けにどのくらい時間がかかりそう？」と問いかけをはさむと、子どもはそこで初めて自分事として考え始め、「何時までだっけ？」と聞き返してくるようなことがよくあるのです。

伝えたいことがあるならば、まずは子どもに聞きやすい態勢をとらせてあげることが大切です。あれこれ言う回数を減らすのも、聞きやすくする方法の1つです。

親御さんも自分の話を誰かに聞いてもらおう

子育てにおいては、子どものためにと情報を追いかければ追いかけるほど、子どものことが見えなくなるという逆説があります。

言葉がけにおいても「うまい言い回しを探そう」と思えば思うほど、お子さんのことが見えなくなり、お子さんの言葉が聞こえなくなってしまいます。

ですから情報を追いかけるより先に、子どもを観察することを意識するようにしましょう。

言葉がけをテーマにした本書でする話としては少し妙かもしれませんが、言葉がけ上手の秘訣は、実は、うまく言おうと思わないこと。**うまく言おうと思うのをやめたときに、それまでで一番上手な言葉がけができるようになります**。

多くの親御さんたちからご相談を受けていると、そもそも親御さんたち自身が普段ご自分の話を聞いてもらえていないことが感じられます。

自分が聞いてもらえていないから、子どもとの関わりにおいても「どう言えばいいか」が先に立って、子どもの話を聞くことを置き去りにしがちなのです。

ですから、子どもの様子を見たり、子どもの言葉を聞くことに加えて、ご自身の話を聞いてもらう機会を作っていけるといいですね。身近な人と話してアドバイスをもらったり、機会があるならば相談できる場所に行ってみたりしてもよいと思います。

何かを求めるわけでもなく、ただ聞いてもらうということも大切です。

第5章でもあらためてお話ししたいと思いますが、親御さんが不安な気持ちを吐き出して満たされた状態でいられると、子育てのイライラ・モヤモヤはぐっと減っていきます。

子どもに100点を求めないで

日ごろからきちんとしようと頑張っている親御さんほど、お子さんへの評価基準も厳しくなるようです。

たとえば玄関で靴を脱いだあとのこと。
ほかの人の邪魔にならないように、隅のほうにそろえて置くのが100点だとしたら、そろってはいるけれども、玄関のど真ん中に置いて邪魔になるケースは80点。片方ひっくり返っているけれど、もう片方はまっすぐ向いていたら50点。バラバラに脱ぎ散らかしていたら0点……といったふうに、できているレベルには「段階」があります。

こういうとき、きちんとしたい親御さんは、100点以外は0点も80点もすべて「できてない」とひとくくりにしてしまいがちです。

ですが、そのひと言で片付けていると、子どもは「何をやっても『できてない』って言われる」と感じて、嫌になってしまうわけです。

お子さんに「またやってみよう」と思ってもらうには、何でも100点を求めようとしないことが大事です。
たとえ親御さんが望む基準に達していなくても、「それなりにできている」「やろうとした気持ちは認める」という視点を持ちたいところです。

こういうときには「できてない」の代わりに**「惜しい！」「いい線、行ったんだけどなあ」「だいぶそろってきた」というような言い方**をしてみてください。

お子さんの気持ちが前向きになるのはもちろん、親御さん自身も、今までの「できてない」から「それなりにできてるかも」へと、ものの見方を切り替えられるようになりますよ。

第2章

ついつい言ってしまう…
子どものやる気を失わせる親の7大セリフ

この章では、今までに私がご相談を受けてきたお悩み実例の中から、言いたくないのに言わざるを得なくなってしまう代表的なNGワードと、それをOKワードに変換するときの考え方を取り上げます。

急いでいるときや疲れているとき、言い方を間違えてしまうことは誰にだってあるものです。そんなときこそ、この章を見返して、どのように声をかけると親の気持ちが子どもに伝わりやすいのかを再確認していただければと思います。

「NGワード」は親の気持ちが正しく伝わらない言葉

親が子どもに寄せる気持ちにNGなんてない

親を何年かやっていたら誰しも「あの言い方はまずかったな」という体験はお持ちでしょう。子どものむくれた表情を見て、「言い方、間違えた」とか「傷つけてしまった」と後悔することはよくあると思います。

ですが、そもそも「言わなきゃ」「声をかけなきゃ」と思ったというスタート地点には、間違いなくお子さんへの愛情があり、そういう親御さんの気持ちというのは常に正解なのです。このことはどうぞ忘れずにいてくださいね。

ただ、その気持ちをどういう言葉で伝えるかという点においては、やはり上手・下手があります。

うまくない伝え方とは、親が伝えたい気持ちと、子どもが受け取ったメッセージがずれてしまう伝え方です。つまり、誤解が生まれる言葉がいわゆる「NGワード」ということになります。

ここでの**NGワードというのは「使ってはいけない言葉」ではなく、「子どもに誤解されやすい言い回し」のこと**。

逆に、**親の気持ちがそのまま子どもに伝わる言葉がOKワード**です。

ここからは、その誤解を生みやすい「NGワード」の代表格を7大セリフとして見ていきましょう。

子どものやる気を失わせる親の7大セリフ 1

親が時間に追われているとき

NGワード

「早くしなさい！」

「時間だよ！」

OKワード

「あとどれくらいで終わりそう？」

「あとどれくらいで始めるの？」

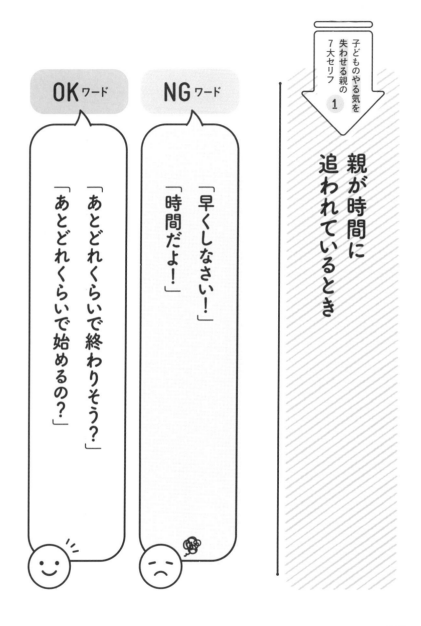

今の時代は親御さんたちも日々時間に追われていますから、使ってしまう気持ちはよくわかります。予定が狂ったらあとの調整も大変ですから、どうしても急がせたくなってしまいますよね。

ＮＧワードのような言葉が出るシーンというのは、子ども自身は次にすべきことに気持ちが向いていなかったり、ほかのことに気をとられたりしているときです。

そのときに、ただ「早く」と急き立てて無理やり行動させると、本人は不完全燃焼です。始める前から「嫌だな」という気持ちになり、しぶしぶ動くくせがついてしまうので、できれば使わずに済ませたい言葉です。

こうなる前に、まだ余裕がある段階で「あとどれくらいで終われそう？（始めるの？）」と、本人の予定を聞いておきます。そのうえで時間が迫ってきたら「まず靴下をはこうか」など、何か１つ行動させる言葉がけをします。**最初の一歩が一番腰が重くなるので、そこをクリアさせることで、行動する流れを作る**のです。やるべきことが半分くらい終わったら「急ぐよ」といった言い方で仕上げさせたらよいでしょう。

子どものやる気を失わせる親の7大セリフ 2

任せたいけれど子どもを信じきれないとき

NGワード

「〇〇したの？」
「終わった？」

OKワード

「今どこまで進んだ？」

子どもに任せたい気持ちと不安がないまぜになった言葉です。ずっと横についていて見ているのは本人のためにならないし、時間的にも難しい。でもちゃんとできているか不安になる、といったときに出てくるのではないかと思います。

ただ、NGワードのような言い方は、信用されていない気がして基本的にはいい気分がするものではありません。すでにできている場合は「ちゃんとやってるのに、そんな言い方するならもうやらない」とやる気を失うことがありますし、できていない場合は痛いところを突かれて腹を立て、不毛な親子げんかにつながったりします。

こういうときは「今どこまで進んだ？」と、**進捗を尋ねるニュアンスの問いかけ**をしてみましょう。終わっていれば「終わったよ」で済みますし、まだやっていない場合も、子どもを追い詰めずに済みます。

ただし、この聞き方は終えてほしい時間ギリギリには使えません。直前だと、結局怒ってやらせるしか方法がなくなってしまいます。親としては、終える時間よりも早めに声をかけてあげられるように、タイミング選びは頑張りたいですね。

子どものやる気を失わせる親の7大セリフ 3

わが子をほかの子と比べて不安になったとき

NGワード

「○○ちゃんは、できてるよ」

OKワード

「もう少しこうしたら、さらによくなるよ」
「○○ちゃんは、どうしてるのかな？」

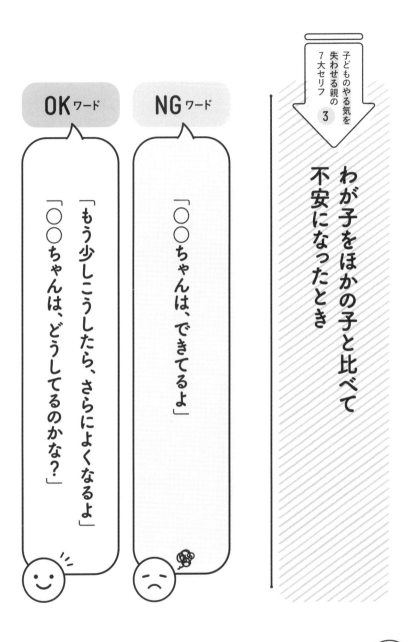

「わが子は大丈夫だろうか……」と思ったときに、つい周りを基準にして、ほかの子と比べてしまうというのは、親として当然の心理ですね。

ただ、「○○ちゃんは、できてるよ」と比べられることは、本人にはもちろん何の喜びも生まれませんし、誰かと比べないと自分の価値を見つけられない育ち方にもなりかねません。そうなると人生が苦しいものになっていきます。

親としての願いは「わが子をできるようにしてあげたい」ですから、本人が今できていることに基づいて、「あともう少しこうしたら、さらによくなるよ」という言い方にすればいいのです。**本人がもうひと頑張りする理由を渡してあげる**のですね。

ほかの子の名前と「できる・できない」がセットになるとまずいのですが、「○○ちゃんはどうしてるのかな？」と、その子から学ぶ意味で名前を引き合いに出すのはOKです。成績のいい友だちに勉強の仕方を聞いてみた子が、友だちのやり方を参考に成績を伸ばしていくということは、しばしば起こります。

子どもはやり方がわかればやるもの。「できる理由」をたくさん渡してあげたいですね。

子どものやる気を失わせる親の7大セリフ 4

子どもの「できていない」に心がざわつくとき

NGワード

「なんで○○できないの？」

OKワード

「何があったの？」

親は誰しも子どものことが大事で心配ですから、何かができていない、していないという状態を目にすると「うちの子はダメになってしまうのではないか……」と心がざわざわしてしまいます。

ですが、「なぜできない」とか「なぜしない」といった「なぜ、どうして」の使い方は、子どもからすると、強く責められているように聞こえます。

大人ならこの言葉の裏に「本当はできるよね」という期待が隠れていることが理解できますが、子どもにはわかりません。「なんで○○できないの？」と聞かれると、「だって自分はダメな子だから、頭が悪いから」となってしまうのです。

こういうときには「何があったの？」と、事実を尋ねることです。「できていないというこの状況は、何があってそうなったの？」と、**出来事を聞くことに徹することで、子どもなりの言い分を聞き出すことができる**のです。すると「実はすごく苦手なことがある」とか「学校で嫌なことがあった」など事情がわかってくるので、前向きに対処することができるようになります。

子どものやる気を失わせる親の7大セリフ 5

子どもの行動が親のやってほしいことと違うとき

NGワード

「ちゃんとしなさい！」

OKワード

「使ったものは元の場所に戻しなさい」

（できるだけ具体的に言う）

「ちゃんとしなさい」は、親御さんたちの口から出やすい言葉ですね。

これが子育てにおいてあまり使いたくない言葉である理由は、親の言う「ちゃんと」の中身が子どもにはわからないので、行動につながらないからです。少し意地悪な翻訳をすると、「何がどうなのかを説明する気はないけれど、とりあえず私から見て気分がいいようにしておきなさい」というのが「ちゃんとしなさい」なのです。

ではどうしたらいいかと言うと、**「ちゃんと」の中身をとにかく具体的な言葉で伝える**ことです。「使ったものは元の場所に戻しなさい」とか「もう少し背筋を伸ばして座りなさい」などと言いかえましょう。

この「ちゃんと」の内容を意識することで、親御さん自身も気持ちが安定しやすくなります。なぜなら、「こうなっていたらいいな」と先に考える習慣がつき、子どもに説明してあげられるようになるからです。そうすれば怒る回数も減ります。

何がどうだったらいいのかを1つでも2つでも整理して子どもに伝えることで、お子さんのできることが確実に増えていきますよ。

子どものやる気を失わせる親の7大セリフ 6

何度注意しても状況が改善しないとき

NGワード

「何回言えばわかるの!?」「これ何回目?」

OKワード

「どういう伝え方をしたら、できるようになりそう?」

何度も同じことを言わされると、自分がバカにされているような気がしてきて、腹が立ちますよね。

また、何度言っても変化が見られないと、「ずっとこの状態が続いて、この子がきちんとした社会生活を送れなかったらどうしよう……」と不安が飛躍してしまったりもします。特にお母さんたちは心配が先立ちやすいので、そういう意味でも、このような言い方をしてしまうのでしょう。ただ、**この「何回言えば」という言い方は、返事のしようがないので、あまり効果があるとは言えません。**

とんちの利いた子なら「250回」などと言うのでしょうけれど、そういう子は一度言えばわかる子です。このケースに出てくる子は、そのときはわかっていても、また忘れたり間違えてしまうような子です。本人も解決策がわからず困っています。

となると、同じことを繰り返していても何も変わりませんから、本人に考えさせるようにしていきましょう。「どういう伝え方をしたら、できるようになりそう？」と聞いてみてください。「どうしたらいいか一緒に考えよう、教えて」というスタンスに変えることで、「何回言えば」という言葉を次第に手放せるようになっていきます。

口ごたえを受け入れるだけの余裕が親側にないとき

NGワード

「いいからやりなさい！」

OKワード

「ごめん、今ちょっと聞けない。あとで聞くね。まずは○○やっといてくれる？」

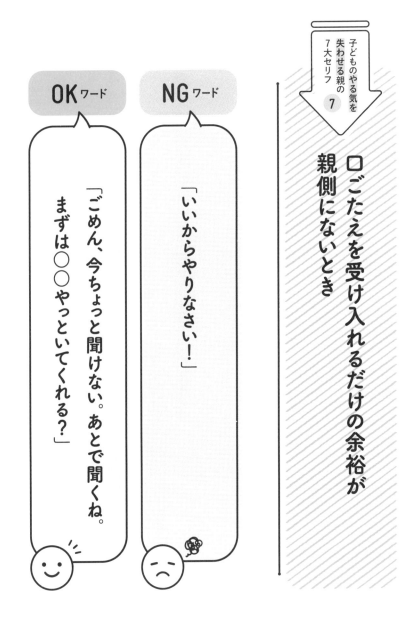

疲れていて気持ちの余裕がないときや、本人の言い分を聞いていたら間に合わないときに出やすい言葉ですね。イメージとしては「いいからやりなさい！」のあとにカッコ書きで（もう勘弁してよ）がつく感じでしょうか。

この言葉を使っていただきたくない理由は、自己肯定感を破壊してしまう言葉だからです。**「いいからやりなさい」というのは、子どもにとっては「あなたの考えには意味がない、価値がない」と言われているのとイコール**なのです。

子どもが何か言ってきて「いいからやりなさい！」と言いたくなったときは、代わりに「ごめん！」と明るく言いましょう。それから、「今ちょっと聞けない。おふろのあとで聞くから、今はゲーム機を片付けといてくれる？　ごめんね」といった感じで、あなたのことをどうでもいいとは思っていないけれど、今は余裕がないからあとで聞く時間をとることを約束し、ひとまず今やってほしいことを伝えます。

親御さんが頑張り屋だと特にですが、親の側に余裕がないということを子どもはわかっていないものです。お願いしてみたら、意外と応えてくれますよ。

「自分でやって！」はNGワード？

「ママ、来てー」「ねーちょっと来てー」

着替えやお風呂や歯磨きの途中など、子どもから呼び出しを受けることはありませんか？

食事の支度中や洗濯物を畳んでいる最中など、途中で呼ばれると、ちょうどいいところで手を止めなければならず困ってしまいますよね。

乳児期ならまだしも、学童期にもなったんだから、一人でできることは自分一人でやってほしいもの。

つい「自分でやって！」と口にしてしまうかもしれません。


しかし、明らかに本人が自分でできるときに言うのは問題ありませんが、本人が困っているのに「自分でやって！」と言ってしまうと、子どもは「あなたのことは後回し」と、突き放されたように感じてしまう怖さはあります。

気をつけたいのは、子どもがどうしていいのかわからない状況でいることに気づかず、親が甘えだとかサボっているとか決めつけてしまうことがある、という点です。この決めつけは子どもを萎縮させることにつながります。

ですから、「いちいち聞いてこないでほしい」と思うようなときは、「どうしたいの？」と本人がしようとしていることを確認したうえで、「どこまでなら自分でできそう？」と、**本当に困っているところ、自信がないところを絞りこんであげましょう**。


親の側が「そのくらいなら手伝えるかな」と思える場合も出てくるでしょうし、本人が「やっぱり一人でできる」と言い出す場合も出てくると思いますので、その都度判断してあげるといいでしょう。

自分でできそうな範囲がわかれば、子どもも次からは自分一人でやってみようと動いてくれますよ。

第3章

こんなときどうしたらいい？
親の悩みの裏にある「子どもの事情」と解決法

この章では、親が言葉がけをするとき「どうしたらいいの?」と困ってしまう代表的なお悩み事例を挙げ、そのときの「子どもの事情」と、子どものやる気を引き出す「OKワード」を示しながら、子どもへの関わり方のポイントを紹介します。

子育て中にモヤッと感じられることがあったとき、だからといって、家族や知人にわざわざ相談するほどのことでもないのかな?と思うようなとき、共感できそうな箇所や使えそうなヒントを見つけていただけると嬉しいです。

年齢に応じて悩みも必要な言葉がけも変わります

言葉がけに悩み始めるのは2歳前後から

長年、教育に関わる仕事に携わってきたこともあり、親御さんから子育てに関するお悩みを受けることが多いのですが、お子さんの年齢に応じて、やはり悩みの内容や、必要な言葉がけは変わってきます。

未就学期から学童期までのお子さんの場合、大きく分けると、「未就学期」「就学後の低学年」「中学年」「高学年以降」の4つに分かれるイメージです。

未就学期（2～6歳ごろ）

声をかけても子どもが言うことを聞いてくれないことに最初に親が悩み始めるのは、子どもが自我の育ちの表れとして「イヤイヤ」と強く自己主張し始める2歳前後からではないでしょうか。

親としては、子どもの成長が嬉しい反面、意思を示し始めて思い通りに扱うことが難しくなってきた子どもへの対応に悩んでしまう時期かと思います。

頭に入れておきたいのは、この時期の子どもは、見える、感じる、思うことが急激に膨らむ一方で、使える言葉はまだまだ少ないということです。

ですから、子どもと目線を合わせて話す、子どもが何を見て何を感じているかをつかもうとするなどの関わり方が特に大切です。

小学校1～2年生（6～8歳ごろ）

小学校に入学したとはいえ、低学年は、まだ園の延長線上という印象です。

集団生活の中で学ぶこと、体験することは一気に増えますが、「自分で考えなさい」

が通じる年齢ではありません。1つひとつわかりやすく具体的に伝えようとするのが、この時期の言葉がけポイントです。

●小学校3〜4年生（8〜10歳ごろ）

この時期は、低学年でも高学年でもない微妙な期間です。自分の考えをはっきり示すかと思えば、理解に手間取ったりもして、掴みどころがありません。

勉強面でも、何をさせたらいいのかはっきりしないので、つい親が先回りして、あれこれと指示したくなる時期です。

「子どもの事情」を汲《く》み取ろうとする意識を大切にしましょう。

●小学校5〜6年生（10〜12歳ごろ）

勉強の存在感が明らかに大きくなる時期。タイムスケジュールを意識したり、役割、社会性が高まってくるころです。やるべきこと、やらせたいことが数多く出てくるためタスク管理型の関わり方になりがちで、親のあせりや苛立ちからの衝突も増えやすい時期です。親の側が考えや気持ちを整理することで言葉がけがうまくいきます。

年齢によって、悩みの内容は変わります。

ですから、お子さんの成長に応じて、「今の、この子には、どう伝えるのがいいのかな？」と考えながら言葉がけしていきましょう。

どうして やって くれないの？ 1

注意しても言うことを聞いてくれない

事例1 怒られないとやらない

優しく言ってもまったく言うことを聞かないので、だんだん口調が強くなり、最終的に怒鳴ってしまいます。（「机に乗らないで」↓「下りなさい」↓「下りて！」／「お片付けしてね」↓「片付けなさい」↓「片付けて！」）。「怒られないとやらない」が常態化し、解決策がないため困っています。（3歳男子）

子どもの事情 ← 何をどうすればいいのかわからない。

OKワード

「いすに座ってね」（「○○してね」の言い方に）
「まずは今遊んだものを集めよう。集めたらおもちゃ箱の中にそれを移そうね」（行動を細かく分解して伝える）

「○○しないで」ではなく「○○してね」という言い方にする

子どもに何かを伝えるときに、「○○しないで」という言い方は基本的に伝わらない、ということは覚えておいたほうがいいですね。

このお子さんのケースも、怒鳴られたらやらない、という点だけは理解しているものの、それまでは何か言われても、どうすればいいかわからない状態だと思われます。

このご相談なら、「机に乗らないで」ではなく「いすに座ってね」というふうに、「何をすればいいのか」を肯定的に伝えるといいでしょう。

大人は「机に乗らないで」と言われたら、「下りていすに座りなさい」まで意味していることが理解できるのですが、子どもにはそれがわかりません。

このお子さんも、すでに机の上に乗っているところに「乗らないで」と言われて、ポカンとしているのだと思われます。そうしているうちに親御さんが怒り出す。


ここで言葉が「下りなさい」と変化して「乗らないで」よりはわかりやすくなっていますが、親御さんの温度感が伝わっていないため、結局、怒鳴らなければならなくなっています。


こういうサイクルができてしまっている場合、まずはそれを壊さないといけません。

このケースでは、「机に乗らないで」と注意したあと、本人に「じゃあどうしようか？」「どうしたら机に乗らないことになるかな？」と聞いてみましょう。

きょとんとしているようなら、「『机に乗らない』っていうのは『いすに座る』ってことだよ」と教えます。

1つひとつの行動を細かく分解して具体的に伝える

具体的に伝える、というのもポイントです。

ご相談の中にある例の2つ目「お片付けしてね」が「〇〇してね」の言い方なのに伝わっていないのは、**「お片付け」が「散らばっているものを集める」「分類する」「元の場所に戻す」など、さまざまな要素を含む言葉なので、何をすればいいのかわからない**ことが原因です。

この場合なら「今遊んだものをまず、集めてきてね。集めたらおもちゃ箱の中にそれを移そうね」と、1つひとつの行動を細かく分解して伝える工夫をしたほうがいいですね。それによって、何をすればいいのかがわかるようになります。

「〇〇しないで」ではなく、「具体的に何をしたらいいか」に焦点をあてて言葉をかけてあげることがポイントです。

事例2 すぐに取りかからない

「プリントを鞄にしまって鉛筆を片付けて」と言うと、プリントだけしまって鉛筆はそのままになっているなど、一度に2つのことを言ってもだいたい1つしかしません。1つだけ言ってもすぐに取りかからず、そのうち言われたことを忘れてしまいます。

（小1女子）

子どもの事情 聞く姿勢になっておらず、覚えられない。

↓

OKワード 「今言ったこと、いくつあった？」

聞く姿勢を作らせる

子どもの事情から言うと、「また言われてるな」くらいの気持ちで覚えようとしていないのだと思います。聞く姿勢ができていないため、印象に残っているほうだけしかやらないのです。

ではどうしたらいいかと言うと、1つには**細かいステップで確認する**ことです。「プリントを鞄にしまって鉛筆を片付けてね」と言ったときに、「はーい」と返事があったら、そこですかさず、「今言ったこと、いくつあった?」と聞いてみましょう。

子「えーっと、2つ」
親「何と何かな?」
子「鉛筆しまう」
親「もう1つあったよね?」

これで出てこなかったら、「もう1回だけ言うから、きちんと覚えてね」と言い、聞く姿勢を作らせてあげます。

このように段階を踏むと徐々に、今やることが何かを自分で整理し、実行できるようになっていきます。

子どもが「聞こう」と思えるくらいに指示を減らす

「親の話を聞かない、聞いてもすぐ忘れてしまう」というご相談はよくありますが、聞く姿勢を作るにはまず、親があれこれ言う回数を減らすことです。

1日の中であれしなさい、これしなさいと**親が指示をする回数が多いと、子どもはバランスを取るために適当に間引きしてしまいます**。たまに言われる程度なら聞く耳を持つと思いますが、「あれやって、次それやって、これもやって……」と矢継ぎ早に言われたら、全部は聞けませんよね。

大人はつい、思いつくままにあれもこれもと指示を出してしまいますが、そうすると余計に子どもに届かなくなってしまうのです。

「忙しいし、一気にまとめて言ってしまいたい」と思うお気持ちはわかります。ただ、ワーッと一度にたくさん指示を出されても、子どもは情報を整理できません。

ですから、まずは子どもが「聞こう」と思えるくらいの回数に指示を減らします。子どもの表情に気を配って、顔をしかめたり、表情が曇ったりしたら、「あ、これぐらいが回数の上限だな」と判断するといいでしょう。

指示を減らした分、親が伝えるときは、きちんと聞くことを求めて構わないと思います。

子どもがきちんと聞いて実行できたら「さすが、ちゃんと聞いてできてるね」とほめてあげる。そこまでの一連の動作をセットにするとよいでしょう。

事例3　**何度注意しても同じ間違いを繰り返す**

脱いだ衣類を洗濯かごに入れる前に、「ポケットからハンカチとティッシュを出してね」と何度注意しても、入ったまま。「マスクはゴミ箱に捨てなさい」と言っているのに、玄関で外したら置きっぱなしで困ります。（小1男子）

子どもの事情　**単純に忘れてしまっている。**

OKワード　**「わざとじゃないもんね」**

単に忘れてしまっているだけ

「今言ったことをすぐにしない」のと、このケースのような「何度も言っていることを今日もしない」のとでは意味が全然違います。すぐにしないのは意思や受け止めの問題ですが、何度も言っていることをしないのは、本気で忘れているのです。それは本人が悪いのではなく、**思い出しやすくなっていない環境の問題**です。

ですからこれは、「何回言ってもわかろうとしない」と受け取るのではなく、どうすれば思い出しやすくなるかを工夫していくのがコツです。

本人にも「わざとじゃないもんね」という言葉から入って注意喚起します。

たとえば、親御さんが衣類を洗濯機に放り込んでいるとき、子どものズボンのポケットからハンカチとティッシュが出てきたら、「でも、わざとじゃないもんね」と言ってみましょう。

すると、お子さんは「うん」と言うでしょうから、「でもこれだと困るから、かごに入れるときに出しやすくなる方法を一緒に考えようか」と話します。

またポケットにティッシュ入ってたよ！
洗濯かごに入れる前に出してって何度言ったらわかるの？
わざと入れたままにしてるわけじゃないもんね
こうしたら入ってるかどうかわかる
次から脱ぐときポケット裏返しにするようにしてみたら？
うん

思い出すきっかけをできるだけ多く作る

忘れさせないようにするには、思い出すきっかけを多く作っておくことです。たとえばハンカチとティッシュの問題なら、脱いだ服を洗濯かごに入れるとき、ポケットを裏返しにすると決めて、洗濯かごの目立つところに「裏返し」と貼っておく。「あ、ポケット」と気づきやすくするのです。

マスク（使い捨ての場合）についても、**ゴミ箱の置き場所を工夫**したいですね。帰ってきたら、必ず目に入る場所にゴミ箱を置くことで、「あ、マスクを捨てるんだった」と思い出させてあげるのです。日によってちょっとずつ置き場所を変えると、いい意味で違和感を生じさせられるので、子どもも気づきやすくなります。

布マスクなどの場合は、机の上にマスク置き場を作り、「マスク」と大きく書いて、そこにマスクを置くと文字が隠れるようにするのも一案です。マスクを置かないと「マスク」の文字が目立つので、落ち着かず、置く習慣ができていくでしょう。

事例4 宿題や明日の準備をしようとしない

学校から帰宅後、「宿題と明日の準備を先に終わらせて」と子どもに言っても、テレビを見たりゲームをしたりと、自分のしたいことを優先させてやろうとしません。私が「やることを終わらせてから遊びなさい！」と何度も言ったり、怒って大騒ぎしないと、まったくやろうとしません。（小3男子）

子どもの事情

①頭の中が「自分のしたいこと」でいっぱいで、宿題と明日の準備が本人の中の予定にない。
②「勉強＝怒られてから始めるもの」と刷り込まれているので、できるだけしないでおこうというくせがついている。

↓

OKワード

①「宿題って何と何があるの？」「明日の時間割と必要なものって何？」
②「どうしたらいいか相談しようよ」

「やるべきこと」を具体的に確認する

まずはお子さん側の事情から考えてみましょう。

学校から家に帰ってくるまでの間に**子どもが頭の中で考えていることは自分のしたいこと**です。「テレビ何観ようかな」とか「あのゲームの続きをしよう」とか……。ですから、玄関のドアを開けて家に入ってきたときには、テレビなりゲームなりに頭の中が支配されています。

大人にとっては「帰宅したら、まずは宿題と明日の準備」が当然でも、子どもの頭の中では予定にありません。この点は、子どもの事情としてわかっておいてあげるといいでしょう。中長期的に、帰ったら先に何をやればいいのかを考えて、取り組めるよう練習させてあげたいですね。

また、「宿題」という言葉はあいまいで、それだけでは何がどれだけあるのかわかりません。しかしそれを「算数の宿題」と言いかえると少し具体的になり、「算数の宿題、計算プリント2枚」と言いかえると、何分ぐらいで終えられそうかまではっきりしてきます。

ですから、まずは今日やるべきことについて「何が、どれだけ」あるのかを意識させてあげましょう。「宿題って何と何があるの?」と〝具体的に〟確認します。

親が聞くのではなく、「詳細をメモに書いて、終わったら消していこう」と本人に書き出させてもいいですね。それによって、子どもの意識の中で、形のよくわからないモヤッとした状態だった宿題が、はっきりとしたメニューの形をとって現れます。

すべきことがイメージできると着手もしやすくなります。

そうすると親の側も、子どもが手軽に取り組めそうなものについて「10分ぐらいでできるなら、計算プリントは先に終わらせたら?」などと声をかけやすくなります。

子どものほうも「10分なら、先にやってもいいか」と納得しやすくなります。

こうして「やるべきこと」がまず1つ終わったら、「ついでにこっちも済ませちゃおうかな」と、ほかのものにも手をつけやすいですし、仮に「1つ終わったからゲームをする」となっても、まったく手をつけていない状態に比べると少し前進しているので、あとから再開しやすくなります。

このとき、何時までにゲームを終わらせる予定か問いかけると、なおよしです。

明日の準備についても同様に、時間割とそのために必要なものを〝具体的に〟確認します。「宿題」「明日の準備」という**あいまいな言葉で済ませない**ことが大事です。

「優先順位」を意識できるのは小学校高学年以降

「うちの子は優先順位がつけられなくて……」と親御さんたちがおっしゃるのを時々耳にしますが、小学生くらいの子どもに対して優先順位の判断を求めるのは、かなりハードルが高いということは知っておいたほうがいいでしょう。

優先順位を判断するには、客観化と抽象化の能力が必要です。「自分にとって重要なものは何か」を判断するには、自分を外から見なければならないからです。

こういう力は、一般的には8歳から10歳でようやくほんの少しついてくるかな、というレベルなので、小学校低学年・中学年の子どもに優先順位の判断は難しいのです。

ですから、お子さんに優先順位を判断する力をつけさせたいのなら、**やるべきことの順序を本人に考えさせるのではなく、何を先にしたらいいのかを親が教えてあげたほうがいい**でしょう。

そもそも私たち親世代が子どものころは、「優先順位」という言葉は一般的ではなかったはずです。今は大人の社会で「優先順位の判断」とか「自分にとって本当に大事なことは何か」といったことがやたらと問われる時代になりましたから、それを子どもにも……、とつい思ってしまいがちです。

しかし、子どもの成長上は優先順位なんて小学校高学年になってようやく取り組み始められることなのです。

中学年ぐらいまでは、目の前のことに没頭することのほうがはるかに大事。優先順位をつけられなくても、温かい目で見守ってあげてください。

「どうすればできるか」を子どもと「相談」する

事例4（88ページ）のように、怒って宿題をやらせることが習慣づいていると、お子さんには「勉強＝怒られて始めるもの」という意識が強く刷り込まれていきます。

すると、勉強をできるだけしないでおこうとするくせがついて、親御さんが限度を超えて怒り始めたら仕方なく始めるというパターンに陥りやすいのです。

第1章でもお話しした、怒られるまで「やらない練習」ですね。この状況のままでは、「いつから宿題を始めるかを自分で決める」意識は身につきにくいでしょう。

ここで親御さんに取り組んでほしいのは、どうすれば少なくとも「宿題」と「明日の準備」はやろうと思うようになるかを、お子さんと模索することです。

週末など時間に余裕があるときに、1時間から1時間半ほどじっくり時間をとって、親子で話をする時間がほしいですね。宿題や明日の準備をすることが、なぜ大事なのかを話すのです。

ここでのポイントは、**お子さんには「相談」という言い方で伝え、「話し合い」という言葉は使わない**ことです。

「話し合う」というのは結局、大人による命令で終わりがちです。「話し合おう」と言った瞬間に、ほとんどの親御さんは説得、つまり言うことを聞かせようというモードに入ります。子どもはそれを見透かします。

そこで、事前にお子さんに対し、「毎日勉強のことで怒るのは私も嫌だし、あなたも嫌だと思うから、今週の土曜日のお昼ごはんのあと、どうしたらいいか〝相談〟しようよ」などと、具体的に日時を決めて声をかけます。

相談するときは、次のように確認の2本立てで話をするとよいでしょう。

確認1　親の気持ちを知っているかどうか

〈例〉「遅くとも5時に宿題を始めれば6時には終わりそうだね。その時間に宿題が終わっていたら、そのあとのごはんやお風呂をゆっくりできていいなと思うんだけど。先に宿題を終わらせておいてもらえると安心するっていうママの気持ち知ってた？」

子どもが「知らない」と答えたら、「伝え方が悪かったね、ちゃんと説明できてなくてごめんね」と素直に謝りましょう。あくまで対等な立場で話をします。

確認2　子どもが希望する過ごし方はどのようなものか

〈例〉「私としては6時には宿題と明日の準備を終えて、あとはゆっくり過ごしてもらえたらと思っているんだけど、あなたはどう思っているの？」

親御さんがこう思っていても、子ども本人は夕食のあとでないと宿題をやりたくないかもしれませんし、もしかすると食事の時間を変えてほしいと思っているかもしれません。なので、「あなたはどう思っているの？」と聞いて相談していきます。

自分で出した結論なら子どもも納得

子どもが親の考えに同意する場合は、「じゃあ、どういうふうにしたらいいか、やり方を相談しよう」と具体的なやり方を決めていきましょう。

もし、子どもが「勉強よりもごはんが先のほうがいい」などと言って、親の考えに同意しない場合は、子どもの希望を掘り下げて、次のように確認する必要があります。

親「食べたあといつもテレビを見ているけれど、何時からだったら始められる？」

子「9時くらい（実際に経験しているわけではないので、思いつきで言っていることが多い）」

親「じゃあそうしたらどうなるか、一緒に想像してみよう。昨日とか一昨日のあなたの様子を見たら、9時半過ぎには目をこすって眠そうにしてたから、9時から始めるのは難しいんじゃないかと思うんだけど。どう？」

子どもの思いつき発言を「うまくいくわけないでしょ」と切り捨てるのではなく、子どもは経験値が低いから想像が追いつかないということを理解し、1つひとつ丁寧にやりとりしていきます。

こうして、「何時からならできるか、どういうふうにしたらできるか」という話を**本人が結論を出すまで繰り返します。**

1周回って「やっぱりごはんの前にやる」と言い出すこともよくありますが、この場合に大事なことは、「だから言ったでしょ」とは絶対に言わないことです。

子どもから出てくる考えの多くは、親の想像の範疇です。だからといって最初から親の考えに従わせようとすると、子どもは納得して行動することができません。

親の側は、子どもがいつになったら言うことを聞くのかという発想ではなく、**こちらがどう聞けば、この子は自分なりに考えようとするだろうか、という発想に立つ**とよいでしょう。

どうして
やって
くれないの？ 2

アドバイスをしても納得しない

事例5 「でも……」「だって……」を繰り返す

子どもができずに困っているときアドバイスをしても、「でも……」「だって……」を繰り返して話がかみ合いません。納得してくれず困っています。（小1男子）

子ども
の事情

やってみたい気持ちはあるが、慎重さゆえに「怖い」と思っている。

↓

OK
ワード

「うまくいかなくても、やってみるだけでいいんだよ」
「うまくいかなかったら、またやればいいだけのことじゃない」

「でも…」の裏には「やってみたい」気持ちが隠れている

「こうしてみたら？」とアドバイスすると、「でも、やってみてうまくいかなかったらどうするの？」と聞いてくる慎重派タイプのお子さんは結構います。

こういうとき、まず合いの手として挟むといいのは、**「なるほど、よく考えてるね」**です。そして「そういうこともあるかもしれないよね、確かに」と続けます。そのうえで「もしそうなったら、どうしようと思う？」と、親のほうから逆に質問します。

たとえば学校でリレーの選手を選ぶことになっているとき、「走る練習を頑張っても、代表に選ばれないかもしれない」と子どもが言ってきたとしたら、「代表に選んでもらえなかったらどうなの？　練習したら走るのが上手になるんだけど、それはどう？」などと質問してみるのです。

「もし○○だったら」とあれこれ聞いてくる子というのは、本音では「やってみたい」と思っています。ですが、慎重な性格だから「怖いな」という気持ちもあります。

こういう子が親に何を求めているかと言うと、「うまくいかなくても、やってみるだけでいいんだよ」というゴーサインです。**お墨付きがほしいだけ**なのです。

ですから親としては、「うまくいこうがうまくいくまいが大丈夫だよ」と安心を渡してあげて、だからやってみたらいいんだよ、とあと押しすればいいのです。

「わかんない」には「やってみよう」で返す

こういう話をすると、「うちの子は問いかけても『わかんない』で話が終わってしまうんです」とおっしゃる親御さんもいます。

こういうときはシンプルに「うん、わかんないよね。わかんないことはやってみないとね」と切り返せばＯＫです。

子どもの「わかんない」という言葉にフリーズしてしまう親御さんは、お子さんに「正解」を渡したがっているのだと思います。

ですが、「正解がないからこそ面白い」ことだってありますよね。

「わかる」とは答えが決まっているということです。最初から正解が決まっていたら、何をしてもただの答え合わせにしかなりません。

「わからないことこそ、やってみよう」という考え方や発言のくせを身につけておくと、親としても「何とかして正解を持ってきてあげなくてはならない」というプレッシャーから解放されてラクになりますよ。

「嫌だ＝やる気がない」というレッテルを一方的に貼らない

慎重派タイプのお子さんは、新しい環境への不安感がほかの子と比べて強い傾向があります。たとえば親から習い事を勧められても、なかなか首を縦に振らないのは、そのためです。

ここで誤解してほしくないのは、決して**本人にやる気がないわけではない**ということ。「現状維持バイアス」といって、今のまま変わらず同じ場所で同じことをして、安心感を維持したいという気持ちは、人間として普通で、よくあることです。

慎重派タイプの人は、そのバイアスが強いのです。新しい環境への不安感が先に立ちやすいだけなので、新しいことを始めるとどう変わるのかをイメージできるように説明したり、本人の気持ちを聞いてみたりすると、バイアスが弱まっていきます。

世の中にどんな習い事があるのかも知らず、自分の気持ちを伝える語彙も少ない子どもの口から出た「嫌だ」を額面通りに受け取ってしまうのはもったいないことです。

親の提案に対して子どもが「嫌だ」と言ったときは、「どういうところが嫌だって気がするの?」と、理由を丁寧に聞き出してみましょう。

細かくカテゴリーごとに問いかけると答えやすい

習い事について子どもに「やってみない？」という聞き方をしたら、答えは「やる」か「嫌だ（やらない）」の二択しかないわけです。問い方が大ざっぱであればあるほど、子どもの返事も大ざっぱになります。

問いかけるときは、子どもが選びやすいように「スイミング、サッカー、体操教室があるけれど、何だったらいいかな？」「どの時間帯ならいいかな？」など、ジャンルや内容や時間帯など、カテゴリーごとに細かく問いかけていくことがポイントです。

なお、習い事を選ぶ際は、すでに特定の興味関心がある子を除き、そもそも出合わないことには興味の持ちようがありませんから、最初は親の都合や思い込みであれこれ見せてしまってOKです。**興味があるから見に行くのではなく、あれこれ見ている中で子どもが反応したものが興味関心**です。順序は間違えないようにしたいですね。

どうして
やって
くれないの？ 3

口ごたえをしてくる

事例6 **イヤイヤばかりで対応に困る**

「帰ろう」と言っても「まだ遊びたい」と主張。無理に帰らせようとすると、嫌がって地べたに寝そべり大泣きし、かんしゃくを起こします。（2歳女子）

子どもの事情 ←

感じたこと、考えたことをどう伝えたらいいかわからない。

OKワード

「本当は、何て言いたかったの？」

かんしゃくを起こすのは「考える量」が増えている証拠

イヤイヤ期とは、「僕は、私は、こうなんだよ!!」と「自分をワカッテ、ワカッテ期」なんです。本当は嫌じゃないのです。

だから、「そっかそっか、遊びたいんだね」といったん「受け止める」ことがポイント。あなたの気持ちはキャッチしたよ、認めているよ、と伝えます。

受け「止める」だけでOKで、受け「入れる」必要はありません。

子どものかんしゃくで悩む方は結構多く、ご相談もよく受けます。

かんしゃくの原因について共通して言えるのは、お子さんが欲求や不安、戸惑いなど、自分の中にふくれ上がった感情を言葉でどう伝えればいいかわからないとき、怒るか泣くかしか術《すべ》がないということです。

実は、激しいかんしゃくを起こすようになったり、その頻度が上がってきたりするというのは、「考える量」が増えている証拠です。今までよりも考えることが増えてきて、それを周囲の人に伝えたい、わかってもらいたいのに、それが出せていないということです。

伝えたいものが心の中にたくさんある状態ですから、抑え込むのはよくありません。「いつまでも怒らないの！」と**やめさせようとすると、子どもはガス抜きができないので、かえってかんしゃくが長引いてしまいます**。

こういうときは言葉ではなく、スキンシップによって子どもの気持ちを受け止めます。手を握ったり、背中をさすったり、頭をなでてあげながら「どうした？」「うんうん」と、たとえ子どもの言葉が言葉になっていなくても、聞いてあげましょう。

×
これ買って～！
ダメ！
かわないよ!!
いやだあうわああん
○
ほしいんだね～でも今は買えないの
ポンポン

落ち着いてから「本当は」を入れて質問する

そして、ここがポイントなのですが、子どもが落ち着いたあとに「本当は、何て言いたかったの？」と聞いてみます。「本当は」を入れるのがコツです。

この「本当は」には「さっきは怒ることで表現していたけれど、落ち着いて言いたいことが整理できたら、言葉で言えていたよね。怒りたかったんじゃないよね」という気持ちが込められています。

子どもが「○○ちゃんがケーキのお話ししてた」などと、ぽつぽつ話し出したら、「そうか、だからケーキが食べたくなっちゃったんだね。うらやましかったんだね」などと、こちらが言葉を補ってあげます。

「じゃあ最初からそう言ってよ」と言いたくなるのはやまやまですが、そこはぐっとこらえましょう。次に同じようなことがあったときのために、子どものボキャブラリーを増やすチャンスです。

ボキャブラリーが増えると、かんしゃくは減っていきます。自分の感情を言葉で伝えることが上手になっていくので、自分でガス抜きができるようになるからです。ですから子どものかんしゃくは何年も続くことはありません。どうぞ安心してください。

学童期になってからも、いじけやすかったり、気持ちの高ぶりを抑えられず、かんしゃくを起こす子も中にはいます。そうした子には、「受け止めているから大丈夫だよ」「慌てなくても大丈夫だよ」などと伝えて安心を渡してあげるといいでしょう。

事例7　不得意教科の勉強をしたがらない

国語の勉強を嫌がります。誘っても、「漢字を覚えられないし、テストの点数も低いから……」と言って、手をつけようとしません。（小3男子）

子どもの事情

これまでの勉強でうまくいかないことがあったから、国語は全部ダメだと拡大解釈してしまっている。

←

OK ワード

「漢字の字を見ても形がよくわからないってこと？」
「点がとれてる問題もあるよね。どんな問題は点がとれてるかな？」

子どもの正しい姿が見えていますか？

このご相談で大事なことは、「嫌いな教科に手をつけようとしない子ども」と、ひとくくりにしない、ということです。**ひと言で片付けようとすると、子どもの正しい姿が見えなくなってしまいます**。

「国語」というかたまりの中の何を苦手にしているのか。それが漢字だとしたら、漢字の中の何が苦手なのか。読みはわかるけれど、字の形が難しく感じられるのか。字の形は覚えられるけれど、意味をつかめていないのか。使い方がわからないのか……。

このように、何が問題なのかを、できるだけ細かく具体的に特定していきます。

テストの点数に関しても、どんな問題ができていて、どんな問題が苦手なのかを質問して確認します。小学校低学年の場合はうまく説明できないことも多いので、一緒にテストを広げて確認するといいでしょう。

問題が確認できたら、大人がやるべきことは、見えてきた問題を片付ける、それだけです。

子どもの勉強嫌いは大人の責任

もしお子さんが「勉強嫌い」「勉強が苦手」であるように見えるならば、そうなった事情を振り返ってみる必要があると思います。

少しきつい言い方に聞こえてしまったら申し訳ないのですが、子どもの勉強嫌いはほぼ100パーセント、大人の責任です。

大人というのは、勉強に対して過敏に反応し、自分の不安やもどかしさを子どもにぶつけてしまった大人のことです。決して親御さん限定の話ではないですよ。先生とか、親戚とか、テレビで話している人とか、色々です。

親御さんたちが勉強に対して過敏になってしまうのは、根っこに、「この子が先々困るのではないか」という強い不安があることが理由です。前にも話したとおり、子どもには苦労してほしくないという愛情があるからこそ、勉強をしないわが子の姿を見たときに、ものすごく怖くなるのです。

とはいえ、その不安をそのままぶつけると、勉強嫌いの子がどんどん増えるだけという事実も、親御さんたちにぜひ知っておいていただきたいことです。

「この子に私の不安をぶつけても仕方ない」と理性を働かせたうえで、どうすればお子さんが「できた・得意だ・何とかなりそうだ」という思いを持てるかを工夫することが、親ができる関わりのとても大切な部分です。

勉強は自分のことをもっと好きになるためにするもの

お子さんに関わる際に1つ大事な前提は、勉強はもう絶対にするものであり、して当たり前のものだから、**勉強しないという選択肢は存在しない**、ということです。

「なんでやらなきゃいけないの？」と言われても、ここに関しては「そういうものだから」と言ってしまって構いません。大人になったら仕事の勉強や、色々な人から生き方を学んだりと、勉強の中身は変わるけれど、勉強はずっと続けていくものだ、といったことは話してあげるとよいと思います。

もう1つ大事なことは、**勉強が苦痛だと刷り込まない**ことです。「勉強は、自分のことをもっと好きになるためにするもの」だと教えてあげてほしいと思います。勉強をすると、わかることやできることが増え、自分の世界が広がります。魅力的な仲間が増えますし、人から感謝されることも増え、楽しいわけです。

でも意外とそういうことが忘れられて、目先の宿題などをこなすことが勉強だというすり替えが起きやすいので、お子さんが「勉強なんて嫌だな」と言ったとき、自信を持って「そんなはずはないよ」と言えるようにしておけるといいですね。

column......3

勉強が嫌いな子はいません

仕事柄、今までに一般の方よりもずっと多くの子どもたちに関わってきていますが、「勉強はするものだ」ということに納得しない子に出会ったことはありません。これまで間違った方法で勉強させられていたために、自信をなくしていたり、勉強が苦痛だと刷り込まれていたりする子がいるだけです。

そういう刷り込まれた子どもたちも、「全然しんどくない勉強の仕方があるんだけど、興味ある？」と尋ねたら、必ず「なになに？」と聞いてきます。

ですから、勉強をしたくない、勉強にかける力をゼロにしたい、と思っている子はいないのです。みんな、できるようになるならやってみたいと思っています。

でも、今までうまくいった経験に乏しかったり、周りの大人に叱られるなど嫌な結果になったりしているので、勉強から遠ざかりたくなっているというのが、私の目に映る、「勉強嫌い」に見える子どもたちの事情です。要するに、子どもが原因なのではなく、その子の幼少期から関わってきた、さまざまな大人たちが原因なのですね。

勉強を嫌がる事情がどこにあるのかによって対応が分かれるので、ここで詳細を説明することは控えますが、勉強嫌いな（と大人から見られているような）子どもの気持ちを「勉強、やってみてもいいかな」と変えるには、まず、**できているところを見つけてほめる**こと。どんなケースにおいてもこれがスタート地点で、鉄則です。

もしあなたの目から見てお子さんが勉強嫌いのように見えているとしても、お子さんを責めるのはやめましょう。

親御さん自身を含めた周りの大人たちが、お子さんへの関わり方を考え直す必要がある、というふうにとらえることが大事です。

どうして やめてくれないの？ 1

遊びに夢中

事例8 「区切り」をつけられない

画用紙にクレヨンで絵を描いたり、折り紙を作って貼ったり、熱中するのはよいのですが、「ごはんだよ」「お風呂だよ」と声をかけても、やめてくれないので困っています。区切りのよいところまで待とうと思っても、すぐに関心が移ってしまい、言葉がけのタイミングがつかめません。（4歳女子）

このケースの場合、2つの事情が考えられます。まずは1つめです。

子どもの事情

まだ遊びの量に満足していない。

↓

OKワード

「今日はどれだけ遊ぶの？」
「どこでいったんおしまいにする？」

遊び始める前に満足地点を尋ねる

まずは遊び始める前に「今日はどれだけ遊ぶの？」と聞いたほうがいいですね。どれだけ遊べば、ごはんを食べられるのか、お風呂に入れるのか、子どもにとっての満足地点を聞いてあげましょう。

きっと、お子さんなりに「これだけは遊ぼう」と決めている満足地点があるのだと思います。まだ満足地点まで到達していないのに、親の側が勝手に到達地点を変えようとするからやめないのです。

子どもは遊ぼうと思ったらエンドレスで遊べてしまいます。となると当然ながら時間的なゴールを決めておかないと生活リズムが崩れますから、**「区切り」が必要**です。その折り合いをつけるために、「どれだけ遊ぶ?」「どこでいったんおしまいにする?」と、ゴールを決める問いかけをしておくのです。

本人も自分でゴールを口に出して言うことで、この辺までできれば満足かな、と「区切り」をつけやすくなります。

親ではなく、子どもにゴールを決めさせる

ゴールを決めるときのコツは、大人の側から提案しない、ということです。

たとえば「30分だけ遊ぼうか」などと親が提案してしまうと、答えはイエスかノー

しかありません。その段階で子どもは「嫌だ」と言いやすくなり、拒否権を発動させます。これが2回も続くと「絶対に嫌だ」となり、収拾がつかなくなります。

ですから、親の側は「こうしたら？」と「提案」するのをやめて、「いつまで遊ぶの？」と「質問」するといいでしょう。

たとえば「絵本5冊見るまで」と言われて、少し長いなと思ったら、「ちょっと長くない？」と言い、親はあくまで具体的なゴールを提案しないスタンスで接します。するとと子どもは「じゃあ3冊」などと減らして言ってくると思います。

子どもが5冊に固執する場合は、「それなら先にお風呂を済ませて、5冊読めるようにしよう」というふうに話を持っていくとよいでしょう。

事例4（88ページ）でも触れましたが、**親が勝手に決めるから反発する**のです。同じ「3冊」という結論を導くのにも、親が押し付けるのではなく、子どもの口から出てくるように流れを作ってあげましょう。

事前にクールダウンの開始時間を決めておく

次に2つ目の事情です。

子どもの事情 ← 時間を忘れて集中しているので、親の言葉が届いていない。

OKワード （近くに寄って体に触れながら）「そろそろ片付けを始めよう」

熱中しているときというのは、時間を忘れて集中している状態ですから、ある意味で理性が働いていない状態になっています。**言葉が届くのは理性が働いているときなので、熱中しているときには言葉が伝わりにくい**のです。

ということは、熱中状態のときに「ごはんだよ、そろそろやめようね」と言っても、子どもに届くはずがありません。まずは熱中状態から目覚めてもらう必要があります。目覚めさせるためには、熱中しそうな時間が始まりそうだと思ったら、子どもが動き出す前に、親の側がクールダウンタイムの開始時間を決めておくといいでしょう。たとえば6時から夕食なら、5時40分からクールダウンタイム（理性が働く状態に目を覚まさせていく時間）に入ろう、といったイメージです。

子どもが熱中しているときは言葉だけでは届きませんから、時間になったら近くに寄って行き、体に触れながら「そろそろ片付けを始めよう」と声をかけます。

たとえばお絵描きをしていたとしたら「これなあに？」と聞くなど、その子の遊びの世界に一緒に入っていくような言葉がけをしつつ、「このクレヨンは、もうこっちにしまおう」と片付けさせながら、熱中状態から徐々に目を覚まさせていきます。

だんだん熱中から覚めてきたら、「あと10分でごはんだから、全部片付けて手を洗おうね」と声をかけ、食事の開始時間に食卓につけるように行動させてあげます。

「終了時間の1分前まで遊んでいい」と思うのが子ども

子どもが少し大きくなってくると「まだ5時40分だよ。ごはんじゃないよ」と言い出すこともあると思います。これを言えるというのは理性が働いている状態ですから、それならばもう少し遊ばせてあげるという選択もアリです。

ただし、6時から食事開始なら、5時59分まで遊んでいいと思うのが大半の子どもです。片付けが完了するところまでが遊びですから、あらかじめそれを説明して納得してもらうことは必要です。「6時からごはんだから、それまでに片付けをして手を洗うところまで終わらせるんだよ」と伝えましょう。

「夕食の時間までにちゃんと席につけた」という**成功体験を積ませてあげることが、子どもが自分で時間の使い方にメリハリをつけられるようになるためのコツ**です。

子どもがうまくできるように手助けし、うまくいったら大いにほめてあげましょう。

事例9

終了時間が来てもゲームをやめない

テレビを観たりゲームをする前に終了時間を約束したのに、時間が来てもやめようとしません。「時間過ぎてるよ」と言っても、「わかってる！」「今やめようと思ってた」などと言いながら、まだ続けます。大声で「時間過ぎてるでしょ！」と言ってテレビを消したりゲームを取り上げると、嫌な顔をしてふてくされるので、こっちも気分が悪くなります。（小2男子）

子どもの事情

テレビやゲームに心を奪われて、やめることを忘れている。もしくは、やめ方がわからない。

←

OKワード

「今やってるところは、あとどれくらいで終わるの？」

「どうやったら終われるか」を子どもに確認する

ひと言で「やめる」と言っても、たとえばゲームであれば「続きをやりたい気持ちを抑える」「終わるのに区切りのいいタイミングを考える」など、心の中でさまざまな処理を行う必要があります。

人はこういうことを意識して初めてやめられるのですが、口先で「わかってる」「やめる」と言っているときには、このような意識がまだありません。

ゲームはどんどん続きますから、「やめる」と言った5秒後には、それを忘れたかのように、またゲームに引っ張られるという現象が起こります。

親御さんとしては、「子ども一人ではやめられないだろう」という前提に立ち、「どこでやめるの?」とか「今やってるところは、あとどれくらいで終わるの?」などと、どうやったら終われるのかを聞いてあげることが必要です。

「この面をクリアしたらやめる」などと本人が説明できたら、「じゃあ、その面をクリアしたら電源を切って線を抜いて、ここにしまってね。そこまであと5分でできるってことで合ってるかな」と細かく確認してもいいと思います。

子どもの本心としてはやめたくないはずなので、具体的なやめ方の話をされると嫌そうな顔をすると思いますが、**いったんやめると約束した以上、やめること自体に堂々と抵抗することはないはず**です。

でも、やめ方を確認せず、時間が来たからといって一方的に電源をブチッと切ってしまうと、子どもにとっては「急にやめさせられた」という理解になってしまいます。

親からすれば「さっきから何度も言ってるでしょう」なのですが、子どもからすると、「わかってる」と返事をした瞬間には「やめる時間だ」と思ってはいても、いざゲーム画面へ目を戻した瞬間に、もう親の言葉が頭から消えてしまっているのです。

時間だよ！
ゲームばっかり!!
強制終了
もう時間だからやめなさい
プツッ
ギゃあ〜〜っ
その面をクリアしたら電源切って栓を抜いて
ここにしまってねあと5分ね

やめ方を確認する際の大事な前提として、「わが家のルール」ははっきりさせておきましょう。

できたての夕食がもう食卓に並んでいるのに、「このアニメ、あと15分だから最後まで見たらやめる」と言われても、簡単に容認はできませんよね。

「夕食は7時から」などと、**食事・お風呂・就寝など生活の根幹の時間については、ルールを決めておきたい**ところです。そして、そのルールは譲らないと決めておくことで、その枠内で工夫して遊ぶ力が育ちます。

ルールは決めたうえで、親の側でも、子どもが何にどのくらいの時間がかかるのかは知っておいたほうがいいと思います。そうすることで、やめようとしない子どもとの衝突を避けることができるでしょう。

「わが家のルール」は譲らない

column……4

子どもに身につけさせたい時間管理スキル

親子が衝突するときの原因に、朝起きるのが遅くていつも遅刻しそうになる、遊んでばかりで宿題の時間がなくなる……など、親から見て子どもの時間の使い方が適切ではない、ということがよくあります。

親御さんが叱る回数を減らすためには、お子さんに時間の使い方を教えておいてあげるといいでしょう。これは一生役立つ力となります。


上手に時間を使うための手順は次の通りです。
①したいこと、するべきことをリストアップする。
②それぞれどのくらいの時間がかかるのか想定する。
③取り組む順番を決める。
④持ち時間の中で全部の実行がかなわないときは、どれをやめるのか、どれを先送りにするのかの判断をする。

お子さんが幼いころ（4歳ごろ）から、できるだけ意識的に「次、何しようか？」と聞いてあげましょう。**何がしたいのかを考えることは、時間の使い方を考える入り口**です。

したいことが言えるようになったら、「何分やろうか？」とか「どのくらいかかる？」と問いかけ、見通しを立てるよう促します。さらには「どれからする？　次は？」と尋ね、タイムテーブルの中に予定を割りつけさせてあげます。

そこで時間が足りないようなら、「もう少し時間を短くできるものはない？」とか「明日でいいものがあれば明日にしたら？」と声をかけて、考える練習をさせます。


こういう練習をしておくと、子どもが時間を上手に使えていないときも、①から④のどこがうまくいっていないのか、考えることができるようになります。すると、「だから早くしなさいって言ったでしょう」などと、次につながらない叱り方をしてしまう回数も減ります。

もちろん、お子さんの時間の使い方も上手になっていきます。

どうしてやめてくれないの？ 2

話しかけても こっちを向かない

事例10 声をかけても生返事。しまいに逆ギレ

いつまでもテレビを観ているので、心配になって、「明日の準備したの？」と聞いても、こちらを向こうともせず「んー」と生返事で、聞いているのかいないのかわからない状態。「聞いてるの!?」と尋ねても無言。仕方なくもう一度尋ねると「わかってる！ 今やる！」と逆ギレします。（小2女子）

子どもの事情

わかっているけれど、もう少し時間がほしい。まだそういう気分になっていない（もしくは、できそうな気がしない）。

←

OK
ワード

「もしかして、ちょっとやりにくかったりする?」

重ねて確認されると責められているように感じる

「わかってる!」「今やる!」という言葉が出てくるということは、少なくとも「やらなきゃいけないと頭ではわかっていた」ということです。

最初に「したの?」と聞いたときの生返事は、まだ気持ちが入っていないことの表れです。頭ではわかっていても、まだ「しよう」という気分になっていなかったり、できそうな予感がしなかったりして、もう少し時間がほしいという事情があります。

そこへ畳みかけるように「明日の準備したの?」と確認や指示をされると、子どもは急かされたり、ひどく責められているような気がして怒るわけです。

親御さんは最初に声をかけたときの生返事を、「やる気がない」と受け取るのではなく、「まだやろうという気持ちになれていないんだな」と理解してあげてください。

「もしかして、ちょっとやりにくかったりする？」

「やること多くて大変なの？　しんどかったりする？」

こんなふうに尋ねて、**すぐに始めないことへの言いわけをさせてあげる余裕**を作ってあげましょう。

「準備、大変なんだよー」などの反応があれば、「最初だけママと2人で一緒にやってみようか」と、本人が行動に移りやすくなる言葉をかけてあげるといいですね。そうすると、「じゃあ、やろうかな」という気持ちになってくれることがあります。

「わかってる！」と言われると、「わかってるならやりなさい」と言いたくなってしまいますが、その理屈が通じるのは大人だけです。大人の場合は「やるべきことは嫌でもやるしかない」と人生経験からわかっているからです。

それに対して、**「わかっていてもできない」のが子ども**なので、そこに親子のギャップが生まれます。わかっていても、「でもなんだかそういう気分じゃないな」とか「難しそうだな」としり込みしているのです。

反応が薄いときは「話を聞く姿勢」をとらせる

子どもが話しかけても生返事しかしない（あるいは反応がない）ときは、子どもの手を止めて、聞く姿勢をとらせてから、重々しい口調でしっかりと話してあげるとよいと思います。そのほうが、話を受け止めやすくなるからです。

また、もしテレビなどに夢中になっている子どもに話しかけるのであれば、親御さんは一度、心の中で「（テレビを見るのを止めさせてまで）子どもに今する話かな？」と確認してみたほうがいいかもしれません。

どうしても今、聞かせたい大事な話なのであれば、空気を変えてから話しましょう。

「ちょっと待って。今、大事な話をしようとしているんだけど、大丈夫？」などとひと言入れて、一拍、間を置いてから話します。

間を置かず一気に話してしまうと、子どもの頭には入りません。「大事な話を聞くときは、手を止めて、相手の目と自分の目を合わせて聞く」ということは、伝えておきたいことです。

親御さんとお子さんの話のテンポは合っていますか？

お子さんが口数の多いタイプではなく、一方で親御さんが饒舌《じょうぜつ》なタイプの親子だと、ただ黙って親の話を聞くしかないというパターンに陥っている可能性もあります。

熟考タイプの子や、説明を聞くよりは実際にやってみるほうが好きなタイプの子の場合、自分の考えを伝える言葉を探すのに時間がかかる場合があるのです。

「話しかけても無言」のように見えるのは、言葉を探している間に、親が次の話に移ってしまって、話す機会を失っているだけかもしれません。本人なりには、まじめに聞こうとしているのかもしれません。

親子でもタイプが違うことを理解して、子どもに親の自分と同じテンポで話す力を求めるのはやめましょう。「無言になるような話し方をしているのではないか」と、大人の側が一度振り返ってみるといいですね。

子どもが話しかけても生返事しかしない（あるいは反応がない）とき、考えられるほかの理由としては、少しきつい言い方になってしまいますが、お子さんが親御さんに対して「自分の話を聞いてもらえる」という信頼感を持っていないということが考えられます。「何を言っても、どうせ親が一方的にしゃべるんでしょ」と思った子どもは、話すのをやめてしまいます。

話の節目で「ここまではどう？」と確認をとる

幅広い
たくさ
寄せ

話すことにおいて、もっとも大切なこと
人との**コミュニケーションのとり方のポイント**がわかりやすく書かれて
いたので、さっそく明日から使いたいと思います！　（20代・サービス業）

小学生の娘がこの本を読み、話の聞き方や言いまわしに**変化がありました。**
親子の関係が**前より良好**になった気がします。　（30代・主婦）

生きていく上で、人との会話は欠かせないものです。
まずは**話しやすい雰囲気づくり**を心がけ、**聞く姿勢**を持って
会話をしていこうと思った１冊です。　（40代・会社員）

この本に出会え、自分の“**話し方**”というものを改めて考えることが
できました。こんなご時世だからこそ、コミュニケーションはとても大切。
オンラインでも役立てられ、楽に生きていくための指南書となりそうです。
（50代・教師）

話し方はとても難しい。目から鱗とよくいいますが、長い間のかすみが
引いて**視界が広がりました**。何度も読み返し、実践したいと思います。
（70代・自営業）

永松 茂久（ながまつ・しげひさ）

株式会社人財育成 JAPAN 代表取締役。永松塾主宰。知覧「ホタル館富屋食堂」特任館長。大分県中津市生まれ。「一流の人材を集めるのではなく、今いる人間を一流にする」というコンセプトのユニークな人材育成法には定評があり、全国で数多くの講演、セミナーを実施。「人のあり方」を伝えるニューリーダーとして、多くの若者から圧倒的な支持を得ており、講演の累積動員数は延べ 45 万人にのぼる。経営、講演だけではなく、執筆、人材育成、出版スタジオ主宰、イベント主催、映像編集、経営コンサルティング、ブランディングプロデュース、自身のセオリーを伝える『永松塾』の主宰など、数々の事業を展開する実業家。

世代から
さんの感想が
られています!

を忘れていました。

山折哲雄
いとうみつる
松事務所
1760円(税込)
978-4-7991-0839-0

あの頭のモニョモニョってなに?

著者 山折哲雄
・いとうみつる
・小松事務所
1760円(税込)
978-4-7991-0899-4

神道ってどんな教え?

地獄図鑑

著者 山折哲雄
絵・いとうみつる
文・千羽ひとみ
定価 1760円(税込)
ISBN 978-4-7991-0926-7

地獄は地下何キロにあるの?

キリスト教図鑑

著者 山折哲雄
絵・いとうみつる
文・小松事務所
定価 1760円(税込)
ISBN 978-4-7991-0938-0

十字を切るのはなぜ?

キャラ絵で学ぶ!
日本と世界のおもしろ
宗教図鑑
4冊セット

定価 7040円(税込)/ ISBN 978-4-7991-0955-7

★プレゼントにもおすすめ★

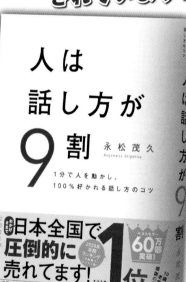

事例10（129ページ）に「尋ねても無言」とありましたが、問いかけのつもりで、「聞いてるの？」といった言い方を親御さんがしてしまっていないかどうかを振り返ってみてください。

「聞いてるの？」に対して「聞いてる」と答えたところで、「何も言わないってことは聞いてないってことでしょ」と返されてしまう。かといって「聞いてない」と言ったら絶対怒られる……。どちらにしても怒られる場合、当然、無言になりますよね。

もし「聞いてるの？」と言いたくなったら、その代わりに話の節目で「ここまではどう？」と、お子さんに確認をとってみてください。

まずはこういうフワッとした質問を投げかけて、返答があったら「どう思ったか、もう少し詳しく教えて」と掘り下げて聞いてみます。子どもの返答を聞いて、話をちゃんと理解しているようなら、「続きをしゃべるとね……」と、次の話に移ります。

ポイントは**「かたまりで話しすぎない」**ということ。節目で区切ることで話の内容を理解しやすくなり、話し手側もボルテージが上がりすぎるのを防ぐことができます。

意味がわからない！ 1

聞く耳を持たず反抗してくる

事例11

100％言い返してくる

勉強をせず遊んでいたり、妹をいじめて泣かせたり、余計なことしかしない息子。叱っても「自分だって朝7時半まで寝ているくせに」とか「なんでぼくだけ○○しないといけないの？」などと、とにかく100パーセント言い返してきます。（小4男子）

子どもの事情 ←

もっと話を聞いてほしい。

OKワード

「どうして、あなたにそうしてほしいんだと思う？」

親の基準で子どもをジャッジしていませんか？

このケースで少し気になったのは「余計なことしかしない息子」という部分です。「余計」かどうかは親の価値基準なので、「いいこと・悪いこと」は親が決めている、ということがうかがえます。お子さんへの指示が多くなっていることが推測されます。

さらに、「100パーセント言い返してくる」というところで、この子はあまり話を聞いてもらえていないのではないか、ということもうかがえます。叱られたときに言い返すことが、この子にとって話を聞いてもらえるチャンスになっているのではないでしょうか。妹をいじめるのも、親御さんへのアピールだと考えられます。

一方で、お子さんは親御さんのことが好きなのですね。「自分だって朝7時半まで寝ているくせに」という言葉には、親御さんのことをちゃんと見ている様子が表れています。嫌いだったり無関心だったりしたら、このような発言は出てきません。

「どうしてだと思う？」で親の気持ちを伝え直す

「なんでぼくだけ○○しないといけないの？」と言われたときの言葉がけの工夫としては、「いいからしなさい」と命令するのではなく、「どうしてそうしてほしいんだと思う？」と、質問に変えてしまうことです。

「どうして7時までに起きてほしいんだと思う？」とか、「どうして先に宿題やってほしいんだと思う？」というフレーズを、意識的に使ってみてください。

なぜかと言うと、質問を投げかけることで、お子さんの返答いかんにかかわらず、次に親御さんが伝える言葉は、**「あなた＝子ども」が主役になる**からです。

「いいから7時までに起きなさい」は、親の都合による命令で親が主体ですが、「どうして？」という問いかけの答えは、「あなたに健康に育ってほしいからだよ」「あなたがこういうことができるようになって、周りから認められたらいいなと思うからだよ」などと、子どもが主体の話になります。

親というものはだいたい常に子どものことを考えているわけですが、お悩み事例のように、それが子どもにうまく伝わっていないケースもあります。伝わるやりとりに変えることで、子どもの「話を聞いてほしい」という気持ちが満たされていきます。

のろのろ&ぐずぐずした態度も甘えのポーズの1つ

実は「もっと話を聞いてほしい」「自分のほうを向いてほしい、受け止めてほしい」という思いを、子どもは、のろのろ&ぐずぐずした行動で表すこともあります。

朝起こそうとすると「まだ眠い」と言ってなかなか起きてこない。もう出かけなければならない時間なのに遊び始めるなど、お子さんが言うことを聞いてくれなくて、イライラする場面に何度も遭遇する場合は、「甘えのポーズかも？」と疑ってみるといいかもしれません。

子どもが手がかかるようにふるまうのは、手をかけてほしいことの表れです。

そんなときは、お忙しいとは思うのですが、1日30分、いえ、15分でもいいので、**お子さんのリズムで一緒に過ごす「寄り添いタイム」**をぜひ作ってあげてください。

自分の用事はいったん横に置き、子どもに向き合う時間をしっかり確保して、その時間で「受け止めてもらえた満足感」を子どもに渡してあげていただきたいのです。

たとえば「寄り添いタイム」を〝晩ごはんのあと〟と決めたら、朝子どもが起きてきたときに「今日、晩ごはんのあと何して遊ぼうか？」と聞いてみるとよいでしょう。

「ボールで遊びたい」「お絵描きしたい」などと反応があったら、「じゃあ絶対それしようね」と約束します。

こういう話をしたあとは、子どもの動きのテンポがよくなっているはずです。

そして実際に「寄り添いタイム」を過ごすと、子どもの気持ちが満たされて寝つきがよくなるように感じられると思います。翌朝も寝起きがよくなり、次第に生活のリズムが整っていきます。親御さん自身も、気持ちが穏やかになっていきますよ。

事例12 大人顔負けの反論がつらい

子どもの大人びた言葉や語彙力の高さに言い負かされることもあってつらいです。

親「口ごたえしないの。あんたのために言ってるのよ」

子「お母さんだって、言ってることとやってることが違うじゃん。言ったことはまず自分が守らなくちゃいけないんじゃないの？」

親「何を生意気なこと言ってるの！　誰のおかげで生きてると思ってるの？　毎日ごはんが食べられるのは誰のおかげ!?」（小5女子）

子どもの事情

親の一方的な言い方から、
自分のことをないがしろにされている気分になって、
親の言うことを受け取るものかと反発している。

←

OKワード

「今、何を伝えたいと思っているかと言うと……」

子どもに本当に伝えたいメッセージは何？

親からすると、子どもに馬鹿にされているようで腹立たしい場面ですね。

しかし**小学校高学年で、大人から一方的に「口ごたえするな」と言われて疑問を持たない子のほうが危険**です。抑え込まれて「はい」と従う子どもがそのまま社会に出たら、まずいことになります。自分で「それはおかしい」と考えて「口ごたえ」ができるだけ成長しているのですから、喜ばしいことです。

どちらかと言うと大人の側が、今、自分が子どもに対して言っている言葉が本当に自分の伝えたいことなのか、ちょっと冷静になる力が必要です。

この例で言うなら「口ごたえしないの」が本当に言いたいことなのか、と言うことです。本当はそうではなくて、たとえば「あなたなりの考えがあるかもしれないけど、今はとにかく先生のアドバイス通りにしたほうがいい。それがあなたの信頼に関わるんだよ」と言いたいのかもしれません。でもあせっているので「あんたのために言ってるのよ」という言い方になってしまう……。

子どもは言葉じりに反応しますから、「私はそう思ってないから、私のためになってない」などと言い出します。それに親のほうも真っ向から応戦すると、不毛な言い争いになってしまいます。

親としてはここで「今、無駄なやりとりをしているな」と気づきたいところです。

もし言い争いになりそうになったら、**心の中で「今、何を伝えたいかと言うと……」「大事なことは何かと言うと……」と「枕詞」をつぶやく**のがポイントです。

この枕詞を使うと、心の中で「えーっと、約束は守ろうねって言いたいんだよな」「じゃあ『あんたのために言ってるのよ』じゃなくて『約束を守るのは大事なことだってわかる？』って言えばどうだろう」などと理性的に考えられるようになります。

そのうえで子どもに話しかければ、子どもなりの言い分も聞かせてくれるでしょう。

そうすると「じゃあ、どうするか一緒に考えよう」と建設的な話ができるようになるのです。

答えに詰まったときの魔法のフレーズ

子どもが成長するにつれ、親に冷静な指摘をすることも増えてきます。

それに対して親が「何を生意気言ってるの！」と言ってしまうと、状況は悪くなる一方です。この例のお母さんの発言にも、あせりが如実に表れていますよね。ためしに心の中を翻訳してみると、このような感じでしょうか。

「何を生意気なこと言ってるの！（痛いところを突かれた、どうしよう）」

「誰のおかげで生きてると思ってるの？毎日ごはんが食べられるのは誰のおかげ!?（親がいないと困るってことを、なんとかわからせたい！ えーと、お腹減ったら嫌でしょ！）」

このお母さんの非をあげつらうわけではなく、親をやっていると、このような会話は、どこのご家庭でもものすごく「あるある」だと言いたいのです。

こういうときに使っていただきたいフレーズが**「確かに」「なるほど」**の2つです。

「言ってることとやってることが違うじゃん」と言われたら、まずは「確かに」。そのあとで「ちなみに、いつの話？」と聞いてみましょう。

子どもが「〇〇のときだよ。あのとき逆ギレしたじゃん」などと言ってきたら、「なるほど。それはお母さんが悪かった。それはよくない。今度からちゃんとしよう。ところで、あなたは今、どうするんだっけ？」などと返してみましょう。

すると、無駄な言い争いがなくなり、意味のある会話が成立しやすくなります。

わが子を心配している自分に立ち返る

「何を生意気なことを」とか「誰のために言ってあげてると思ってるの」という言葉の裏には、「あなた一人では無理でしょう？」という不安や心配が隠されています。

ですから、子どもに反抗されてムッとしたときは、まずは自分がわが子を心配していることを自覚しましょう。そのあとに、では**どうしたら自分の心配が減るのだろうと落ち着いて考えてみます**。

たとえば「手洗いとうがいだけはやってほしい」など、「子どもがこれをしてくれるようになると不安が減って、口出しすることも減る」ポイントを整理します。

ポイントの整理ができたら、子どもにも「手洗いとうがいをしてくれたら、あなたが風邪をひきにくくなってママも安心だから、うるさく言わなくて済むんだよ」と具体的に伝えることができるようになります。

意味がわからない！ 2

事実と違うことを言う

事例13 **遊んでいるはずなのに「遊んでいない」と言う**

「今日、保育園で何して遊んだ？」「何も遊んでない」（でも、先生からのノートには遊んだ話が）、「今日、誰と遊んだ？」「誰とも遊んでない」（でも、ノートにはお友だちの名前が）と、あまのじゃくな発言が多いです。どんな聞き方をしたら素直に答えてくれますか？（3歳男子）

子どもの事情

①何でもかんでも親に話したくない。
②話すと長くなるから面倒だと思っている。
③自分一人だけの秘密にしたい。

←

OKワード

「そっか、何も遊ばなかったんだ」

小さな子どもにだって言いたくないことはある

お子さんの気持ちにあえてセリフをつけるなら、「何でもかんでも親にしゃべると思うなよ」ということです（笑）。

3歳ということですから、自我が少しずつ芽生えてきて、説明すると話が長くなるから嫌だとか、自分一人だけの秘密にしておきたいとか、子どもなりに理由があるのだと思います。「あまのじゃく」と捉えるのはお子さんがちょっとかわいそうですね。

ですからそこを踏まえたうえで、コミュニケーションの取り方としては「何も遊んでない」と言われたら、「うそなのでは？」と深読みせず、素直に「そっか、何も遊ばなかったんだ」と、**オウム返しをすればいい**のです。

自分のペースに合わせてもらえたので、お子さんもホッとした気分になれます。すると、「ジャングルジムにのぼったよ」と、教えてくれることもあるでしょう。

これに関連して、小学校に上がってからやってしまいがちなのが、その日の学習の振り返りをさせてあげなくては、という思いに駆られて、「今日は何を習ってきたの？」と聞き出そうとしてしまうことです。聞き出して何かさせようとしているという「下心」があると、子どもは確実に警戒します。

聞くコツは「私が興味があるから教えてほしい」という姿勢で質問することです。

子「えー、面倒くさい」

親「面倒くさいかもしれないけど、知りたいんだから、ちょっと協力してよ」

こんなふうに、親ぶらないで聞いてみるのがいいですね。精神年齢を思い切り下げて、「聞きたい、聞きたい」と子どものように駄々をこねてしまうのもアリです。

それでも話してくれない場合は、**聞くタイミングを変えてみる**のもコツです。

「面倒くさい」「忘れた」という反応しか返ってこないときは、無理に言わせようとしてもあまりうまくいきません。

「じゃあ、お風呂のあとで教えて」とか「思い出したら教えてね」などと、タイミングをずらすと聞かせてくれることもあります。

「小さなサイズ」で「具体的」に聞く

少し似たケースに、「今日は何があった?」と聞いても「忘れちゃった」、「楽しいことあった?」と聞いても「特になかった」という返事しか返ってこなくて、学校での出来事をほとんど話してくれない、というご相談もあります。

こちらに関して言うと、**「質問のサイズが子どもにとっては大きすぎる」**という事情があります。

学校に行けばさまざまなことがあるわけですが、「何があった？」と聞かれても、「今日もいつもと変わらず教室に同じクラスの子がいたし、先生が急に教室を飛び出したわけでもないし、わざわざ言う話でもないな」という考えが働いて「忘れちゃった」「何もなかった」という答えになってしまうのです。

ですから、質問のサイズをもう少し小さくして、「今日は体育があったんだよね。体育では何をしたの？」などと聞いてみてください。そうすれば「ボール遊び」などと、何をしたのかを説明してくれるはずです。

「今日、楽しいことあった？」は低学年の子には難しい質問

「今日、楽しいことあった？」という質問も、子どもにとっては意外と難しいものです。どの程度を「楽しい」と言うのかの判断が難しいからです。

誤解している方が多いのですが、「今日、楽しいことあった？」は「具体的」な質問ではありません。これは、種類としては「今日は、あなたにとってどんな日でしたか？」という質問とほぼ同じです。大人でもこういう聞かれ方は困りますよね。

抽象化の力が育ってくるのは高学年になってからなので、低学年の子にはなおさら難しい質問であることは認識しておいたほうがいいでしょう。

「今日は誰と一番よくしゃべったの？」とか「みんなが笑った出来事はあった？」など、ポイントを絞って聞いたほうが教えてもらいやすいと思います。

あとは、小学生なら時間割を開いて、「1時間目は国語だったんだね、何のお話を勉強したの？」と、1時間目から順を追って聞いてもいいでしょう。

「誰が手を挙げて発表してた？」などと**具体的に聞いていく**と、場面をはっきりと思い出せる分、子どもも話しやすくなります。

事例14

宿題をしていないのに「やった」とうそをつく

「宿題をやってから遊びなさい」と言っても「宿題がない」と言って遊んでいることがよくあります。不審に思ってランドセルの中を確認すると、やはり宿題は出されていて、そのたびにけんかになります。（小4女子）

子どもの事情

①遊びを奪われたくない。
②勉強に関して自信がなく、宿題が終わらなくて遊べないのではないかと不安。

↓

OKワード

「今日は何をして遊びたいの？」

「どのくらい遊びたい？」

誰も得をしないうそをつくのには必ず理由がある

うそをつきたくてつく子は、ほとんどいません。

精神年齢が上がると、自分がついたうそで相手が間違った反応をすることを面白がるという「遊びのうそ」はつきますが、「宿題がない」といううそは、本人にとって何も面白いことはありません。

ということは、**何かを守る必要があるから、このようなうそをついている**わけです。

このケースなら、「遊びを奪われたくない」という気持ちがかなり強いのであろう、ということが1つ目の仮説です。

そして2つ目の仮説は、勉強に関して自信がなく、宿題が終わらなくて遊べなくなるのではと不安になっているのではないか、ということです。

子どもの抱える不安を解消してうそをつかなくてもいいようにしてあげるには、まず「遊んでいいよ」と伝えて安心を渡すことが必要です。そのうえで、宿題をどう終わらせるか、見通しを立てるのを手伝ってあげます。

遊びたい気持ちを最優先に。宿題の確認はあとでする

子どもの気持ちとして「遊びたい」が先に立つのなら、「今日は何をして遊びたいの？　どのくらい遊びたい？」と、本人の事情を聞いてあげましょう。

その際、「遊びなんて無駄な時間だけど仕方がない」といった心の声はいったん封印していただき、「この子にとって大切な時間だから、できるだけ楽しく遊んでもらおう」という思いで、どんな遊びをしたいのか、その遊びのどんなところが面白いのか、何時ごろまで遊びたいのかといったことを聞き出します。

「ずっと遊びたい」と言うこともあると思いますが、その場合は「そういうわけにはいかないから、時間の区切りは決めようね」と話をしてみましょう。

宿題についての確認は、遊びについて聞いたあとです。遊びについて十分聞いてあげたうえで「何が出てるか教えてよ」と言えば、「漢字練習だったかな」などとあいまいな言い方をすることはあるかもしれませんが、「ない」と言い切る可能性は低いと思います。

何が出ているかを聞き出せたら、「あとで『忘れてた』って困るのも嫌だから一緒に確認しようか」と言って、連絡帳や学校で配られたプリントなどを一緒に見てみます。

このときお子さんは「結局、遊ばせてくれないんじゃないか」と疑っているはずですから、「早く遊べるように早く確認しよう！」と声をかけながら進めます。

宿題が確認できたら、どのくらいの時間がかかりそうか、本人に見通しを聞いてみます。答えられないようなら、「じゃあ、半分だけやってみて、どのくらい時間がかかるか計ってみよう。その時間を見てから、ついでに残りも終わらせるか、先に遊ぶかを決めたらどうかな？」と声をかけ、見通しを立てる手伝いをします。

これを続けていくと、お子さんに少しずつ変化が見られるようになると思います。

低学年の子に15分以上の集中は難しい

親御さんから「子どもの集中力が続かなくて心配です」というご相談を受けることがあります。

実は、脳科学的には「子どもたちの集中力は15分が限界」と言われています。低学年なら５分か10分です。

集中のかたまりというのは案外短いもので、途切れるのが当たり前です。１時間集中し続けるということは、まずあり得ません。せいぜい15分の短い集中のかたまりを繰り返していくことによって、はたから見るとずっと集中しているように見えているだけ、ということは知識として持っておくといいですね。

ですから、**短い集中を繰り返せるように言葉をかけて手助けすることが、親の側ができる工夫**です。

たとえば「何分」という時間の感覚は子どもには少し難しいので、作業数を目安に「何個くらいなら一気にできそう？」と聞いてみます。

本人が「３個くらい」などと決めたら、これがそのまま目標になりますから、集中が途切れかけたときに「もう少し続けよう」と頑張るための原動力になります。そうすることで、結果的に集中のかたまりが２つ作れたりするのです。

このようにして「結果的に集中できている状態」の実績を作っていくと、「僕は30分くらいなら余裕だ」とか、「私、だいたい40分はできる」というふうに記憶が残っていくので、「これくらいはやり切ろう」という意思が働くようになります。自分はこれくらい集中が続く人だ、と思うことによって、子どもも自分自身で集中をつなぐ工夫をし始めます。

脳が集中できる時間というのは短いのですが、それを繰り返していく技術や意思を育てることによって、いわゆる「集中力が続く子」に育つわけです。

第4章

イライラ・モヤモヤが減る！
子どもが笑顔で動き出す親の習慣

口うるさく言わなくても、子どもが自分の頭で考えて、率先して動いてくれたら、親御さんとしてはとっても助かりますよね。

それを現実にするためには、親御さんのお子さん理解と関わり方が大切です。

この章では、子どもの自主性を育むために、今日からすぐに使えるヒントをご紹介します。毎日の子育てに取り入れて習慣にしやすいものばかりですので、ぜひ参考にしてみてください。

声をかけていいタイミングを子どもに聞く

言葉がけの適切なタイミング

いままでの章でお伝えしてきたように、子どもには「わかっていても今はそういう気分ではない」ときがあります。ですから、言うことを聞いてもらいたいと思ったら、適切なタイミングで声をかけることが近道です。

では、適切なタイミングとはいつなのか、いつ声をかけるのが正解なのか。これはお悩み相談でも非常によく聞かれる質問です。

そんなご相談を受けたとき、私は相談者の方のお話をじっと聞きます。そしてしばらく間を置いて、まじめな顔で次のように答えます。

「わかりません」

みなさんキョトンとされますが、わが子とはいえ別の人格を持った他人です。ですから、わかるはずがないのです。それをわかろうとするから誤解が生まれて、余計ないら立ちが生まれ、余計な反発を生むんですよ、という話をすると、「やっぱりそうですよね！」「先生でもわからないんだ〜」と、みなさん表情が明るくなります。

いかに多くの方が「自分はわかっていないけれど、どこかに正解があるはず」という誤解をしているかの表れだと思います。

実は、**「私は子どものことがわからない」と自覚できると、子育てがうまくいくようになっていきます**。「わからない」とわかっているから子どもに聞くことができます。決めつけてかからないから、反発が少なくなるのです。

わからないからこそ親子で都合を伝え合うことが大切

大人だって、同じ「本を読んでいる」という状態でも、流し読みをしているときなら声をかけられても問題ありませんが、集中しているときにあれこれ言われたら、「もう！（怒）」となりますよね。

子どもだって、夢中で遊んでいるときに声をかけられたら「邪魔しないで！」と当然思います。

ですから、あらかじめ「このあと、何する予定？」と本人の都合を確認しておくなどの工夫が大切になるのです。

「親は子どものタイミングがわからない」ということは、逆に言えば、「子どもだって親のタイミングなんてわからない」ということでもあります。

子どもが変なタイミングであれこれ言ってきて、「なんで今聞いてくるの？」「今料理してるところだって、見てわからないの？」と、イライラしてしまうことがあると思いますが、今が適切なタイミングであるかどうかなんて、子どもにはわかりません。

ですから、親も子どもに自分のタイミング（予定）を先に伝えておくといいのです。「これから電話しなきゃいけないから、宿題でわからないところがあるなら3時から聞いて」「見たいテレビがあるなら、6時20分までにしてね。そのあと、ごはんにするよ」などと、こちらの都合を伝えておくとよいでしょう。

子どもたちも別に親の邪魔をしようと思っているわけではありませんから、**あらかじめ伝えておくことで、イライラしたり怒ってしまったりすることは減っていきます**。

「どうすればできるか」を子どもと一緒に考える

親が小言を言い続ける限り、子どもはできないまま

親御さんたちからのご相談を受けていると、「いったいいつまであれこれ言い続けないといけないのでしょう……」という言葉を聞くことがあります。

これに対する答えはシンプルで、「できていないことに対して小言を言い続ける限り、100年たってもできるようにはなりません」ということです。

なぜなら、できていないことを意識すればするほど、できなくなってしまうからです。

「頭の中でピンクのゾウを思い浮かべないでくださいね」と言われたら、誰でも頭の中でピンクのゾウを思い浮かべてしまうという話があります。皮肉過程理論を提唱した、ウェグナー（Wegner, D. M.）の「シロクマ実験」が元ネタですが、**人間の脳は「しないぞ」と考えると、「する」イメージが強くなってしまう**のです。

ということは、子どもに「また宿題やってない」とか「なんで今ごろになってプリントを出すの」などと言えば言うほど、子どもは「宿題を始めるのが遅い自分」や「プリントをすぐに出さない自分」を強く意識していくわけです。

さらにこれらのセリフの中には、子どもの立場から見て、うまくできるようになるヒントが、どこにもありません。ただ怒られているだけです。これでは何度繰り返したところで、うまく対処できるようにはならないのです。

できるようになる近道は「できた経験」

では、上手な関わり方はと言うと、「じゃあ、プリントを出しやすくなる工夫を考えよう」などと、「どうすればできるか」を一緒に考えることです。

たとえば親に渡すプリントを入れるためのかわいいクリアファイルを買う、ダイニングテーブルの上にプリント用のボックスを置くなどの対策をとって、実際にプリントを出すことができたら「今日は出せたね」とほめてあげます。

「できたらほめる」を続けていくと、1、2週間もあればできるようになるでしょう。

できるようになってほしいなら、小言より「できた経験」をさせてあげることです。

とはいえ「またできていない」子どもにイラっとした瞬間、とっさに「じゃあ、どうすればいいか一緒に考えよう」と言える親御さんは、それほど多くないと思います。

そもそも小言を言うときは、親御さん自身も困っていたり、あせったり、不安なときですね。だから怒ってしまうわけで、余裕のないときには「どうすればうまくいくか」なんてことはなかなか考えられないものです。

ですから、夜寝る前に宿題が終わっていないことがわかったときや、朝出かける直前に子どもが大事なお知らせのプリントを見せてきたときなどに、今後の対策をその場で考えましょう、などと言うつもりはありません。

誤解を恐れずに言うと、そのときはどうぞブチギレておいてください（笑）。

その代わり、子どもが寝たあとや、仕事や家事の合間の休憩時間などに「どうしたらいいかな」と落ち着いて考える時間を持ちましょう。

そのうえで、**時間がとれるときに「一緒に考えよう」と、子どもと相談すればいい**のです。

「できているところ」にフォーカスする

どの子もみんな「できている」子

私の実家は、あいさつや食事のマナー、健康面に関しては厳しい家庭でしたが、幼少期にそれ以外であれこれ小言を言われた記憶はありません。

その代わり、ちょっとしたことでも「できているね」「すごいな」とほめてもらったことは多かったように思います。今思うと、私の存在を認めて信じてくれていたので、自然と「じゃあ、やらなきゃいけないな」と思うようになったのかなと思います。

何が言いたいかと言うと、どんな子どもも「できている」のです。できたところを見るならば。**できていないところに焦点を当てれば叱るサイクルが始まり、できているところに焦点を当てれば、ほめるサイクルが始まります。**

前の項目でも話をしましたが、どこにフォーカスするかが大事なのです。

1つ気をつけていただきたいことがあります。ここで言う「できている」は、この子には力や魅力がちゃんとあるから大丈夫、という信頼を意味します。

しかし、「できている」という言葉は、「世間と比べてどうか」という比較になりやすいので、そこだけは注意してくださいね。「点数がよかった」「1位をとれた」「人を抜いた」など、外から見てわかりやすい基準だけで子どもを判断すると、「できていないところ」を見つける力が上達してしまいます。

そうではなく、子どもが知っていることや、していることに対して「できている」という受け取り方をすると、「できているところ」を見つけるのが上手になります。

この「できている」の引き出しをできるだけたくさん持っておくと、子どもとうまく関われるようになっていきます。

「忘れ物が多い子」をプラスに捉える視点

「できているところ」の見つけ方の実例を1つ挙げましょう。

たとえば「うちの子、忘れ物がすごく多いんです」という相談を受けたら、私は「忘れる能力があるんですね」と答えます。

ご相談に見えた方の大半はムッとした表情になりますが、これには続きがあります。

うーん…
つきっきりじゃなくても宿題やるようになってる
苦手な漢字も書ける字が増えてる
少しずつできることが増えてる！

直前まで注意していたにもかかわらず忘れるということは、それぐらいほかのことに一瞬で集中できるということでもあるわけです。

「そういう集中力はあるということでしょう？」と尋ねると、親御さんはだいたい、「そうなんです。好きなこととなったらのめり込んで、声をかけても全然反応しなかったりするところがあります」と教えてくれます。

それならば、**ハンドルの切り方さえ調整してあげれば、その集中力は絶対に生かせる**わけです。「忘れ物がすごく多い」ところにフォーカスすると、親御さんは怒り、本人は「自分はできない子だ」と思うようになってしまいますが、別の面にフォーカスすれば、その子の資質の引き出し方が見えてきます。

「うちの子はできていることはほとんどありません、ほめるところはありません」というのは、大人のほうに「できてるね」の引き出しが少ないだけです。

できていることを探そうとする目、できると捉える目を鍛えることが大事です。

いきなり本題から入らない

急に言われても子どもは対応できません

親御さんたちのお話を伺ってきて感じるのは、お子さんに何か伝える際、本題から入りすぎている方が非常に多いということです。

ちょっと想像してみてください。
出会ったばかりの相手に「結婚してください」と言われたら、どうでしょう。
初めて会う営業パーソンが、開口一番「御社のシステムは弊社にお任せください」

と契約をまとめようとしてきたら、どうでしょう。

「え、ちょっと待って」と思いませんか？　普通は当たり障りのない話題で話を切り出したり、自己紹介から始めたりしますよね。

でも、普通の社会生活ではみんなきちんとできていることが、自分の子ども相手だとなぜかできなくなってしまうのです。

「なぜか」と言いましたが、実はちゃんとした理由があります。

理由は簡単なことで、**親御さん、特にお母さんたちは、1日中子どものことを考えている**からです。子どもにすればまったくあずかり知らぬことですが、親は「あれ終わってないんじゃないかな、これ今日言っておかないと困るよな」と、頭の中で子どものことを考え続けています。

そうすると、実際に子どもを前にして口を開くとき、親の側はウォーミングアップがとっくに終わり、十分に温まった状態になっています。だからこそ親御さんたちは子どもの顔を見るなり「今日こそ部屋を片付けなさい」とか「塾の宿題がまだ終わっていなかったでしょう！」などと、いきなり本題から入ってしまうのです。

でも当然ながら、お子さんたちは親が1日中自分のことを考えてくれていたなんて知る由もありませんから、いきなり言われても急には動けません。

本題に入る前に前置きを入れよう

親御さんたちがいきなり本題から入ってしまうというのも、仕方のないことではあるのです。それだけ子どものことを思っている証拠でもあるからです。

ただ、せっかくそれだけ子どものことを考えているのであれば、お子さんにちゃんと伝わったほうがいいに決まっていますよね。

子どもにしっかり聞いてほしい、動いてほしいと思うなら、本題に入る前にクッションになる言葉を入れたり、理由を説明したりしてみてください。

わが家でも、妻が息子に「話を聞かない」とイライラしている感じのときなどに、私は「今、ママは大事なことを言おうとしてるから、1回、そっちを見て聞きなさい」とひと言伝えています。すると息子は「大事なことだったの？」と少し驚いた顔をします。そこでもう一度妻が話すと、「わかった」とすんなり言うことを聞く、なんていうことがしょっちゅうです。

父親は母親が子どもにいら立つ様子を見て「そんなにガミガミ言わなくても……」という解釈をしがちなのですが、なぜお母さんたちがそうなってしまうのか、少し思いを馳せてみてください。いきなり怒っているわけではなく、**これまでの出来事の積み重ねの結果、子どもを心配する気持ちがあふれてしまっているだけ**なのです。

こういうときこそお父さんたちの出番です。ぜひ奥さんの話を聞いて、問題点を一緒に整理したり、夫婦で役割分担をしたりしてみてください。くれぐれも、「同じことばかり言って本当にしつこい」と誤った解釈をしないようにしてくださいね。

子どもに手柄をあげさせる

親が喜んでくれれば子どももうれしい

普段、家の手伝いをあまりしない子どもが、めずらしくお手伝いをしてくれたとしましょう。こういうとき、あなたがかける言葉は、次のうちどれに近いでしょうか。

①「いつもそのくらいやってくれたらいいのに」
②「お手伝いして偉かったね」
③「ありがとう、助かったよ」

結論から言えば、子どもが「次もやってみようかな」という気持ちになりやすい言葉は、③の「ありがとう、助かったよ」です。

子どもに「やらされ感」なく動いてもらうコツの1つには、「役に立ってるんだ」という思いを持たせてあげることです。

人間は、人に喜んでもらうことに喜びを感じる生き物です。少し難しい言葉を使うと、人間には「ミラーニューロン」といわれる共感の神経回路があります。この神経回路の働きで、**相手が笑顔になると、自分にも笑顔がうつります**。

「片付けをしてくれたから、きれいになって気持ちいい。ありがとう、助かったよ」と言われたら、自分もいい気分になれます。

大人だけでなく、子どもでも同じです。

逆に言えば、①のように不機嫌な言葉をかけられたら、子どもにも不機嫌な気分がうつってしまいます。

②のようにほめるのも悪くはありませんが、それよりも③の「助かった」のような言葉で「自分は家族の役に立った」という気持ちを持たせてあげると、次につながりやすくなります。「またやろうかな」と思ってもらうには、「子どもに手柄をあげさせる」ことです。

また、「ありがとう」という感謝の言葉に加えて、「うれしいな」とか「すっきりしたね」というポジティブな感情を伝えるようにすると、言葉の意味以上に、親のポジティブな気分が心に響きます。**自分の行動と心地よい感情とがセットで記憶に残るので、「次もやってみようかな」という気持ちになりやすくなる**のです。

この法則は、宿題などにも生かせます。子どもが宿題を終わらせたときに、「頑張ったね。じゃあ一緒に遊ぼう」と言って遊んであげたりすると、宿題を終わらせたことと親と一緒に遊んで楽しかったという感情がセットで記憶に残るので、次も頑張ろうという気持ちになりやすくなります。

「いつもそのくらいやってくれたら…」の心理

①と答えた方、「自分はどうせ嫌みっぽい性格だから……」と落ち込んだりしないでくださいね。こういう言葉が口から出てくるのは、あなたが誰よりもお子さんの力を信じて期待しているからです。この子はやればできる子だ、と信じる気持ちがあるからこそ、普段そうしないことがもったいなくて、もどかしくて仕方がないのです。

親御さんの本音を文字にするならば、次のようなイメージです。

「（前から知ってたけれど、一人で十分できる力がある子なんだから）いつもそのくらいやってくれたらいいのに」

この言葉を口に出すときに、カッコの部分がとれて、後ろの部分だけになってしまうのです。

①のような言葉が思わず口から出たときの裏技をお教えしましょう。

倒置法を使うことです。

「いつもそのくらいやってくれたらいいのに……」とうっかり言ってしまったら、すぐさま「……だって、これだけちゃんとできる力があるんだから、あなたは十分すごいのに」と付け足せばいいのです。

カッコの中を口に出すようにすれば、子どもに伝わるメッセージは１８０度違ったものになりますよ。

好きなことを子どもに教えてもらう

子どもの自主性を育むための今日からすぐに使えるヒント

この章でここまでお話ししてきたヒントは、ある程度慣れが必要なものが多いので、もちろんいきなり全部できるようになる必要はありません。とりあえず知識として知っておき、思い出したときに少しずつ実行していければ、それで十分です。

一方、この項では、今日からすぐに使えるヒントをご紹介します。慣れも練習も必要ありませんので、お子さんとの会話にぜひ取り入れてもらえたらと思います。

ヒントと言っても、とても簡単なことで、**子どもが好きなこと、楽しんでいること について「教えて」と聞くだけ**です。ゲームが好きな子なら、「どういうゲームなの？　どうやって遊ぶの？　教えて」と聞いて話してもらうのです。こういうやりとりが生活の中にあると、親子の笑顔が増えていきます。

「教えて」と聞かれることで、子どもは自分の好きなことを説明する機会ができて楽しい気持ちになり、それを聞いてもらえることで、自信や満足感を得られます。同時に親の側も、わが子がどんなものに反応する子なのか、それをどんなふうに楽しんでいるのかなど、子どものことを「発見」できます。

「話の内容」ではなく、「話す子ども」の姿にフォーカス

ポイントは、子どもの「話の内容」に反応するのではなく、夢中になって話している「子ども自身」に反応することです。

お子さんが、親御さん自身はまったく興味を持てないものに夢中になっていることもよくあると思います。話の内容を理解しようとすると「興味がないからついていけない」となりがちです。でも、サッカー選手やアニメのキャラクターには興味がなくても、それについて話しているお子さんにはみなさん興味がありますよね。

無理に話の内容を追いかけようとせず、「いったい何が君の顔をそんなふうにさせるんだ？」「この表情を算数の宿題のときにも見せてほしいな」などと思いながら、**お子さんがキラキラした表情で話す様子に焦点を当てて聞いていればいい**のです。

そして、親御さんの側からは「どうやって調べたの？」とか「これだけ詳しい子はクラスの中にもなかなかいないんじゃない？」などと質問してあげればOKです。

知識そのものよりも、知識の話をしている「人間」に興味を持つようにすることで、お子さんの話を楽しく聞けるようになりますよ。

親は自分の人生を楽しむ

等身大の親だから子どもの自信が育つ

私の提唱する「見守る子育て」は、子どもを信頼し、一人の人間として尊重することがベースになっています。

子どもを信頼すると、必然的に「子どもとは教え導かなければならない存在だ」という考え方ではなくなるため、私はお悩み相談を受ける際も、「ああするべき、こうするべき」という答え方をすることはありません。

この章の冒頭でもお話ししたように、親と子どもは別の人格を持つ他人です。そこを忘れてしまうと、「私は親なんだから何でもわかっている」と思い込んで子どもと衝突したり、「親なのにどうしてわかってあげられないんだろう」と親御さんが自分を責めたりすることが起こります。

「親子はそもそも別の人間だ、わからないことがあっても当然だ」というところから始めると、子どもを責めたり自分を責めたりすることがぐっと少なくなります。

そして、「親は自分の人生を楽しむ」ことです。たくさんのご家庭を見てきましたが、**子どもがその子なりに自信を持って育っているお家では、親御さんが無理をしていないことが多い**のです。

立派な親であろうとすればするほど、子どもの「できていないところ」が目についてしまい、子どもを否定しがちになります。頑張りすぎる親のもとでは、子どもは重圧を感じてしんどくなってしまいます。

ですから、親御さんは等身大の自分で過ごしましょう。自分が苦しいのに、楽しく子育てできるはずがありません。**親御さんが楽しく笑顔で過ごせているから、子どもを信頼し、尊重できるようになるのです。**

日本人は「自分を甘やかしてはいけない」という刷り込みが強いせいか、できているところに目を向けられず、自信を持てずにいる親御さんがとても多いと感じます。

「子育ての本なのに、親の話？」と思われるかもしれませんが、親御さんが自信を持つこと、自分自身の人生を楽しむことは、子どもの成長にもとても大切なことです。

これについては次章で詳しくお話ししたいと思います。

第5章

頑張らなくても大丈夫!
親の自信を取り戻すヒント

子育てに日々悩み、自信を失いがちな日本の親御さん、特にお母さんたち。

でも大丈夫。お子さんのことで真剣に悩んでいる時点で、もう言葉がけの9割はできていますから安心してください。

この章では悩める親御さんたちの不安を取り除き、自信を持って子育てできるようになるためのヒントをお話しします。

言葉がけの本で「親の自信」についてお話しする理由

多くの親御さんが、子育てに自信がなく不安を抱えている

頑張り屋さんな親御さんほど、「子どもにちゃんとさせなくちゃ！」「親としてちゃんとしなきゃ！」と思ってしまうもの。

この章では、親御さんたちが「ちゃんとしなきゃ」と思ってしまうことを卒業する「ちゃん卒」子育てについてお話をしていきます。

まずは、親御さんたちの不安を解消し、自信を持って子育てに向き合っていただけ

るよう、次の2つのテーマを軸にしたお話をしていきたいと思います。

①「今の自分にOKを出す」＝「ありのままの自分を認める」
②「私が頑張らなくては」と一人で抱え込まない

言葉がけをテーマにした本で、わざわざ親の話に1つの章を割く理由は、ご自身で気づいている・いないはともかく、それだけ自信がなく、不安を抱えている親御さんがたくさんいらっしゃるからです。

親御さんが子どもとうまく関われずに衝突していたり、情報に振り回されて疲弊していたりするのは、多くが親御さんの自信のなさから来ていると感じています。

親御さんが自分に自信を持つというのは、幸せな子育てをするための土台です。そこが揺らいでいると、いくら言葉がけのコツを学んだところで、その効果が十分に発揮されません。この章を通じて、『完璧な親』になろうとしなくていい」ということに気づいていただけたら幸いです。

「今の自分でいいじゃない」のマインドを持つ

「立派な子どもは立派な親の下に育つ」は幻想

第4章の最後で、親御さんが自信を持つことの大切さをお話ししましたが、親子のよい関わりのためには、親御さんが等身大の自分に自信を持つことが大事です。

ここで最初にお伝えしたいのは、立派な子どもが育つのは、立派な親の下という幻想を捨てましょう、ということです。親は少々欠点があるくらいのほうが子どもが伸びやすいと、経験から感じています。

これはなぜかと言うと、**親が完璧だと、家の中に隙がなくなる**からです。

たとえば家はいつもきれいに整えられていて、洗濯物にはアイロンがかけられ、ピシッとたたまれている。食事の時間には栄養バランスのいい手作りのおかずが何品も並ぶ。もちろん仕事もバリバリしているうえ、いつも笑顔で子どもの話をよく聞き、勉強を見てやり、空いた時間には自分のスキルアップのための勉強を欠かさない……。


こんなご両親は、一見素晴らしいように見えるかもしれませんが、子どもにしてみれば「こうならねばならない」というプレッシャーを押し付けてくる息苦しい人たちでもあります。常に「こうあるべき」という「正解」が示されているので、本人が自分で考えて意思決定をする余地がありません。

親の側も、自分たちが頑張っているわけですから、子どもにも同じように頑張ることを求めてしまいます。その結果、子どもの自信が育ちにくくなってしまうのです。

親は少々テキトーくらいがちょうどいい

逆に、家の中に隙があれば、子どもは自分の頭で考える余地が生まれます。

たとえば、仕事はきちんとしているものの、毎日飲んで帰ってきて家でぐだぐだしている父親がいたとしましょう。

ぐだぐだしながら息子に「今日は何してた？」と聞いて、息子が「ドラマ見てた」と答えたら、その父親は「ああ、そうか」となるわけです。自分はぐだぐだしているのに、息子に「ドラマなんて見てないで勉強しろ」とは言えませんからね。

この父親が息子に「やることやったのか？」と聞けば、息子はこんな隙だらけの父親に対し「お父さんのほうこそどうなの？」などと言い返すこともできるわけです。

ちなみにこれはわが家の日常です。自己弁護ではありませんが、**親に隙があると、家の中で「正解」ばかりを示されないので、判断力が育ちやすくなる**と私は思います。

「いい親」を目指せば目指すほど負のサイクルに

家の中を「正解」だらけにしないためには、親御さん自身が、「今の自分はダメだ」という気持ちを捨てることです。

いわゆる「いい親」を目指そうとすると、次のような負のサイクルに陥ってしまうことがあります。

「いい親」を目指そう！
↓「今の自分がダメだ」と思う
↓「正解」らしきものを取り入れて、よりよい親になろうと頑張る
↓子どもにも「正解」を求めたくなる
↓子どもへの押しつけが起こり、話を聞けなくなる
↓子どもを理解できなくなる……

「今のままではダメだ」と思いがちな親御さんは、100のうちすでに90できているのに、それよりも、うまくいかない10のほうを問題視してしまう傾向があるようです。そんな頑張り屋の親御さんは自分が「変わらなきゃ」と思えば思うほど、無意識のうちに子どものことも変えようとしてしまいがちです。

でも、子どもを変えようとすれば衝突が起こりますし、仮にそれがうまくいったとしても、それはその子の本来の姿ではありません。

自分らしさを無理やりねじ曲げられると、その子が本来持っている〝よさ〟が伸びませんし、自信を持つことも難しくなってしまいます。

だからこそ、**親自身が「色々足りない部分もあるけれど、今の自分でいいよね」というマインドを持つ**ことがとても大切なのです。

結局「いい親」ってどんな親？

子どもは「すごい親」を求めてはいない

親子関係をややこしくしている原因の1つに、親御さんが「完璧な親」になろうとしてしまうことがあります。よりよい親になろうと頑張れば頑張るほど、自分が誰だかわからなくなり、どんどんうまくいかなくなっていくという状況です。

子どもは別に、自分の親にすごい人になってほしいわけではありません。もちろん、たまには「どうせなら、かっこいいパパがよかった」とか、「〇〇ちゃんのママは料理が上手でいいな」と口にすることもありますが、それは思いつき程度の発言です。
本当は**どの子も自分の親がそこにそのままいてくれさえすれば、それ以上はあまり求めていない**のです。

ですから、基本的に「いい親にならねば」という方向の努力は必要ありません。学ぼうとすることは悪いことではありませんが、いい親であろうと頑張った結果、子どもの本来の姿が見えなくなるとしたら本末転倒です。
自分の頑張りが「いい頑張り」かどうかは、次の質問でチェックしてみてください。

□**頑張った結果、お子さんのことがよくわかるようになりましたか?**
□**頑張った結果、親御さんに自信はつきましたか?**

この2つの答えがイエスなら、そのまま頑張っていただいて大丈夫です。
どちらか、もしくは両方ノーだったら、その頑張りは今すぐやめましょう。

「いい親」は結果論

「どうすればいい親になれますか」という質問をされることがあるのですが、「いい親になるために何をすればいいか」ではなく、**いい親とみなされる人はまず、子どもを含め、ご本人たちが楽しそうにしている**、というところから始まっています。

子どもだけが楽しそうなのは微妙ですし、親は安心した顔をしているけれど、子どもに悲壮感があると、かわいそうな気持ちになります。

親子ともに楽しそうなお家の親が「いい親」というのが私の定義です。

たとえば「いい親」のように見える親御さんが「うちは食事に気を遣っています」と発言すると、「食事に気を遣っている＝いい親」という図式になりがちです。

すると「いい親になるには食事に気を遣うべき」という話にすぐ発展するのですが、実はそうではありません。そのご家庭は、それが楽しいから食事に気を遣っているだけ。その結果、親子ともに楽しそうで、周りから見ると「いい親」のように感じられる、というのが正確な捉え方です。

つまり、「いい親は結果論」だということです。「○○をすれば、いい親になれる」というルールが決まっているわけではないのです。家庭によっていい親に至る方法は異なります。

ですから、**「わが家のみんなが楽しい気持ちになれること」を探すのが、「いい親」になる方法**なのです。

お子さんにとっての最高の親はあなた自身

ひどくお困りの親御さんから、時々「先生に親の役を代わってほしい」と言われたりすることがあります。

確かに私は子どもの能力を引き出したり、親御さんがお子さんとよりよい関係を作ったりするうえでのプロですが、では私と親御さんが入れ替わったら子どもが伸びるかというと、絶対にそんなことはありません。

ここまでの章で、親子は他人という話をしてきましたが、親子は他人でも、**「特別な他人」**なのです。親である人たちがわが子に抱く、わき起こるような愛情は、親だからこそのものです。子どもの一挙手一投足が気になって目が離せないのは、その子の親御さんだけです。

子どもの事情を理解するには、子どもを観察することが第一です。その点で、どんな専門家よりも子どもを伸ばす力を持っているのは、ほかならぬその子の親御さん自身なのです。

親であることの特別さは、代えのきかないものです。

まずこの段階で、自分はわが子にとって特別な立ち位置にいるということに、ぜひ自信を持っていただきたいと思います。

子どもが母親にわがままを言いがちな理由

お母さんは「本当の自分」を受け入れてくれる人

お母さんたちと話をしていると、「父親の言うことは素直に聞くんですが、私はナメられてしまっていて……」という言葉を聞くことがよくあります。

実はこれ、お母さんがナメられているからではありません。

子どもが母親に対してわがままなふるまいをしがちなのは、「本当の自分を受け入れてくれるのはママ」だと思っているからです。「外では見せられない甘えん坊の自分」や「パパの前では出せない怠けた自分」を一番信頼している人の前で出すのです。

するとお母さんの目には、「言うことを聞かず、私にばかりわがままを言う」子どもが映ります。これが「子どもにナメられている」と誤解してしまう図式です。

しかし私に言わせれば、「信頼してるんだね。お母さんになら自分を出せるってことだよね」ということです。**信頼しているからわがままを言ったり、勝手なことをしたりする**わけです。お母さんをナメているからではないのです。

わが家でも、妻は「全然、私の言うこと聞かへん」と言っていますが、じゃあ息子は両親のどちらのことが好きかというと、圧倒的に妻のほうです。

こういうときに「私のほうが都合がいいから好きなんでしょう？」という解釈をするお母さんが多いのですが、そうではありません。

子どもたちがお母さんを好きなのは、お母さんの前では無理をしなくていいから、自分が自分でいられるからなのです。

お母さんの毎日に「ありがとう」

お母さんが「今の自分でいいよね」というマインドを持つためにとても有効な方法が、「ありがとう」という言葉です。

誰しも、人に悩みを聞いてもらって少しスッキリした経験はあるとは思いますが、それと同じように、夫婦で、家族で話し合い、感謝を伝え合うことで、子育ての不安は軽くなります。さらには、日々の自分の行動に自信が持てるようになります。

自分の行動に自信が持てると、さらに不安が軽くなり、子どもをゆったりとした気持ちで見守ってあげられるようになります。

当たり前過ぎて、お父さんは気づかないことも多いのですが、子育てだけでなく、料理、掃除、洗濯など、お母さんが頑張ってくれているから、日々の暮らしが回っています。そして、お母さんはその中で人知れず悩んでいることが多々あります。

お父さんたちへ。奥さんの毎日の頑張りの尊さに、ぜひ気づいてあげてください。「ありがとう」を伝えてあげてください。

私自身それに気づかなくて、奥さんにつらい思いをさせてしまった過去があります。

子どもへの言葉がけは、寄り添いのポジションのお母さんが得意でしょう。

そのママをラクにさせてあげることが、父親の言葉がけの最優先事項です。

子どもたちは、お母さんを大切にできるお父さんの姿に安心し、尊敬します。

「細やかな配慮」ができるお父さんは格好いいのです。

いつもごはん作ってくれてありがとう
この味おいしい〜！

自分にOKを出して自信を取り戻す

「自信」の定義の誤解を解く

冒頭で触れた「自信」についての話をすると、「まだまだ自信が持てるようなことは何もできていません」というような言い方をする方がたくさんいらっしゃいます。誤解している方がものすごく多いので、ここでは自信についてお話しします。

本来、**「今の自分を好きになること」が「自信」**ですが、自信という言葉にはなぜか、「達成」とか「人よりも優位に立っている」とか、「競争に打ち勝つ」といった概念が勝手にくっついてきます。

すると、「人に勝っているところがない自分はすごくない」という思い込みにつながり、自信が持てなくなることが多々あります。

このような考え方が、子育ての観点で見たときによくない理由は、子どもをほめるのが下手になってしまうからです。

そういう方は「子どもをほめてあげたいとは思っているのですが、ほめさせてくれないんです」という言い方をよくします。子どものことも「達成」や「勝ち負け」の観点で見てしまうので、何かを達成したり人に勝ったりしないとほめられないのです。

本当は、自信を持つのにすごい・すごくないは関係ありません。何かができるから、人より優れているから自信が持てるのではなく、「できようができまいが、今ここにいる自分こそが自分なんだ」と思えること、それが自信です。

「自分はどんな人か」を確認する

こんなふうに言うと、「どうやってその心境に達すればいいの?」と不安になってしまうかもしれませんね。でも実は、そんなに難しいことではありません。

まずは、「私はこんな人だ」と、自分のことを確認してみましょう。

そのためのワークをご紹介します。手順は次の2つだけです。

①紙とペンを用意する

②自分がどんな人か50個書き出す

50個書こうとすると、肩書きや人より優れているところだけでは埋められず、「ネギトロが好き」とか「鼻歌をよく歌う」といった言葉が並ぶことになりますが、それで全然かまいません。

書き終えたらこの50個が〝自分の説明書〟になります。いいところ、イマイチなところ、色々あるでしょうが、「まぁ、自分ってこうだよね」と受け止めます。

そのとき、「それでいいよね」と付け加えてみてください。

あなたがとっても頑張り屋さんだと、「いいのかな？」「ダメじゃないかな？」と思いたくなるかもしれませんが、「いい」んです。だんだんと「自分OK！」という感覚がわかってくるでしょう。それが「自信」です。

口ぐせにしたい3つのフレーズ

今の時代は情報過多で、自分と他人を比べるための材料には事欠きません。できていないことを自覚しやすい時代だからこそ、まだ何も始めていない自分にOKを出すという考え方は知っておいたほうがよいと思います。

自分にOKを出しやすくなるフレーズを3つご紹介しましょう。

「まあいいか」
「何とかなるでしょ」
「大丈夫」

イライラしたり、クヨクヨしたりしてしまうときに、口に出してみてください。口ぐせを変えると、心のありようも変わっていきます。

それでも、どうも……という方におすすめしたいのは、柔らかいクッションをお腹に抱えてコロンと横になることです。ママのお腹の中で羊水に浸かっていたときの気分で。体がラクになって自分を取り戻せると思います。

「ママのことほめて」と言ってみる

お母さんが受ける「してあげてくださいね攻撃」

子育てに頑張りすぎてしまう親御さん、特にお母さんを精神的にラクにする方法の1つに「ママのことほめて」と言ってみるというものがあります。

子育てをしていると、気づかないうちに「親は子どもにやってあげる人」「子どもは親からやってもらう人」という役割が固定化されていきます。

元々子どもは「してもらって当たり前」と思っているわけではないのですが（赤ちゃ

んのときは除く）、掃除や食事の片付け、勉強の準備といったことをすべて**親がやってあげているうちに、親にやってもらうのが当然と勘違いし始める**のです。

すると、親がしてくれるのを子どもが待つ状態になってしまうので、それを見た親がさらに頑張り、「与える人」の役割がさらに固定化していくことがよくあります。

「親は与える人」という圧力が、周囲からかけられることもあります。

園や小学校、自治体の子育て事業など、外の世界からも、お母さんは「お子さんに○○してあげてくださいね」と幾度となく言われます。

考えてみれば、お母さんたちは外の世界から「してあげてくださいね攻撃」を猛烈に受け続けているわけです。

あえて「攻撃」という言葉を使いましたが、「してあげてください」と言われた側は、「私がしてあげなきゃいけない」という気持ちにさせられます。

すると、「私（母親）与える人、あなた（子ども）受け取る人」になってしまう……。母親の側は頑張り続けなければならないのでしんどくなり、子どもの側も、自分の頭で考えない子、自分で気づくことができない子になっていってしまうのです。

ときには子どもから与えてもらう側に回ってみよう

この「私与える人」サイクルから抜け出す言葉が、「ママのことほめて」です。

この言葉には、普段与える側になっている母親と、受け取る側になっている子どもの立場を逆転させる効果があります。


まずはニコっと笑って、恥ずかしがらずに「ほめて〜」と口に出してみましょう。

お子さんに「え〜?」と言われながら、よしよしされたりすると、ものすごくうれしくなるはずです。ぜひやってみてください!

子どもが応えてくれたということと同時に、自分がいかにわが子を大事に思っているかを再確認できると思います。

自分が与えてばかりだと、いつも自分がしていることが見えなくなってしまいます。

そこで立場を逆転させて子どもから与えてもらうことによって、いつも自分がしていることに目を向けられるようにするのです。

自分が十分に愛情を注げていると気づけるでしょうし、「私、頑張ってる！」という気持ちにもなるでしょう。

子どもも自分が与える側に回ることで、家族の一員として自分も役に立とうと思うきっかけになります。

できないことは正直に「できない」と伝える

「ほめて」と似たような効果のあるものに、「ママ、今日はもう無理だ〜」というフレーズがあります。要はできないことを「できない」と伝えるフレーズです。

片付け本で「要らないものを決めよう」という話が出てきますが、これは要らないものを決めると、自分が大切にしたいものが浮かび上がってくるということです。それと同じで、**できないことを決めると、頑張りたいことが浮かび上がってくる**のです。

さらに、「今日はできない」と言えるということは、つまり「できるときには頑張る」と宣言（自分に約束）していることにもなります。

まずは、心の中で思うだけでなく、できれば口に出して言ってみましょう。

いつも料理は手作りで頑張っているけれど、今日はしんどいなというときは、「今晩はレトルトカレーでいいかな」と家族の前で口にしてみましょう。家族からはだいたい「いいよ」と拍子抜けする答えが返ってくるはずです。「大丈夫？」と気遣う言葉もついてくるかもしれませんね。

これによって、「できない」と言った自分を受け入れてもらえた経験ができます。

少しずつでもいいので、「しない勇気」を出してみてください。この経験がお母さんたちの心をラクにしてくれるはずです。

「一緒にやろっか」と言う回数を増やす

親の側だけがあれこれ動く必要はない

子育てで親御さんが無理をしすぎないために、できるだけ取り入れていただくといい言葉に「一緒にやろっか」があります。

子どもの身支度がなかなか進まないとき、「一緒にやろっか」と声をかける。

夕食を食卓に並べているところに子どもが通りかかったら、「今お皿を並べてるから、一緒にやろっか」と誘う。

宿題をする気になれないようなら、「ちょっと一緒にやろっか」と参加してあげる。それだけで親御さんは、体力的にも精神的にもラクになるはずです。

ここで言いたいのは、子どもといつも一緒にいなければならない、子どもをいつも見ていなければならないということではありません。

親の側だけが色々考えて動くのではなく、子どもと一緒にやればいいんだな、ということに気づいていただきたいのです。

前項にも関連する話ですが、この「一緒にやろっか」と言う回数が増えると、お母さんばかりが「与える人」になるのを防ぐことができます。

これは夫婦の間でも同じです。「今ちょっと片付けしてるから一緒に手伝って」と言う練習を日頃からしていくといいですね。自分が普段パートナーから色々とサポートしてもらっている側（主にお父さんたち）なら、「何か一緒にできることないかな？」と聞いてみましょう（「できることある？」だと「ない」と返されることが多いので、文末の気配りは重要です）。

「一緒にやろっか」に「えー?」と返す子どもには?

「一緒にやろっか」と誘ってはみたものの、子どもからいつも「わかった」「いいよ!」と協力的な返事が返ってくるとは限りません。

子どもから、嫌そうな「えー?」が返ってきたら、すかさず「じゃあ、いつだったらいいの?」と聞いてみてください。よほど難しい関係になっている場合は別ですが、「……じゃあ、夕方だったら」と言ってきたりします。

「いつでも嫌」と言ってきたら、第1章でお話しした「①聞かない、②聞けない、③聞こえてない」の「①聞かない(意思)」にあたります。そういう場合は何を望んでいるのか聞いてあげればOKです。

「嫌だから」という答えが返ってきたら、第2章の7大セリフ④(62ページ)で紹介した「何があったの?」です。「できるよね」を前提にするのがコツで、「いつならできる？」「どれならできる？」と質問していくと、協力してもらいやすくなります。

とはいえ、たいていの場合は「③聞こえてない」、つまり「今はそのタイミングではない」状態がほとんどです。テレビやゲームなど、これから数十分は夢中になりそうだぞ、ということが事前にわかっている場合は、「あとで晩ごはんのお皿を一緒に並べてほしいから手伝ってね」と「予約」しておくと事がスムーズに進みます。

子どもに何かを提案するときや、言うことを聞いてもらいたいときは、**先に心の準備をさせてあげると、協力してもらいやすくなります**。

ただし、大人の側が次々に要望を伝えていると、子どもの拒絶する頻度が増えてしまいます。「親があれこれ言いつける→子どもが拒否する」という流れを繰り返して、子どもに「断る練習」をさせてしまっているケースは割と多いので、そこは少し気をつけたいところです。

考えごとは夜ではなく朝起きてから

よく寝る人に苦悩している人はいない

親子関係で悩んでいる親御さんに共通するのは寝不足です。
十分に睡眠をとっていて苦悩している人は、あまりいません。
なぜなら、**脳を整理するのに一番いい方法は寝ること**だからです。

私が親御さんたちへのアドバイスとして常々申し上げているのは、子どもの将来に関することや気になることを夜に考えてはいけない、ということです。

親御さんたち、特にお仕事をされていらっしゃる方の多くは、大事なことを子どもが寝静まってから考えようとしがちです。朝が来たら忙しいので、一人の時間は夜にしか持てないと思われているからです。

気持ちはわかるのですが、人間は日が落ちたあとに大事なことを考えると、悪い方向にしか思考が向きません。

人間の体のリズムは太陽の動きと連動します。夜にしっかり睡眠をとれば、朝起きたときに整理された状態の脳が動き出すので、思考もポジティブになります。

気になることは夜のうちにメモだけしておいて、翌朝考える。翌朝が無理なら休日に考えるようにしましょう。

あれこれ思い悩むことが増えたら、とりあえず寝てください。しっかり寝てから朝考える。これだけで、しんどさが3割は軽減されると思います。

シングル家庭の親子の関わり

一般的に、シングルのご家庭の場合は、お仕事が長時間にわたる傾向があります。家庭のことも育児も一手に引き受けなければならないので、することも多くなり、その結果、子どもと関わる時間が限られてしまうように思います。

それもあって「時間の許すときは、できるだけ子どもの話を聞いてあげよう」と考えがちだと思うのですが、私はシングルの方ほど、**自分の話をお子さんに聞いてもらう**ことを意識されたほうがいいと思います。


たとえば「仕事でこんなことがあって、腹が立ったんだ」と、子ども相手に愚痴を言ってしまってもいいでしょう。

もちろん、子どもの話も聞いてあげます。


これはあくまで私の経験則ですが、シングル家庭のお子さんはしっかりしていて、親を気遣う優しい子が多い印象です。

ですから親子が互いに遠慮せず助け合うため、親の話も聞いてもらうのです。そうすることで、子どもは親のことをもっと理解でき、自分自身のことも親に話しやすくなります。


シングル家庭の方の場合、この本でお伝えしているさまざまな知識を実行するには時間が足りないと思われることも多いかと思います。

だからこそ、この「子どもに自分の話をする」ことを意識的にやってみてください（お子さんに依存した状態になるのは避けたいでしょうから、あくまで「意識的に」話すのがポイントです）。

結果的にお子さんが伝えてくれることも増え、お子さんをより理解できるようになるはずです。


忙しい分、「遅くなってごめんね」など、子どもに謝る機会が増えがちですが、謝るよりも話を聞いてもらって「聞いてくれてありがとう」と言うほうが、お子さんも成長しやすくなりますよ。

おわりに
——親が子どものためにできること

ここまで読んでくださったみなさんは、親として何かできることがあれば子どもにしてあげたい、子どもともっといい関わり方をしたい、という気持ちで、本書をお手に取ってくださったのではないかと思います。

それはまさしくお子さんのことを大切に思っている証拠で、とても価値のある素晴らしいことです。だからこそ1つ忘れてほしくないのは、**これからどうするのかは子ども本人**だということです。

どこまで行っても私たち親は、子ども自身の世界に外側から関わることしかできません。親の力で子どもの人生を作り出していくことはできないのです。

人間は幸せであろうとする生き物なので、親が「この子を幸せにしたい」と頑張らなくても、子ども自身が幸せになろうと本人なりに前進していきます。

ですから、よほどのことがない限り、お子さんは社会の中で自分の居場所を見つけていってくれます。親が一生懸命やらなければ子どもが不幸になる、なんてことはまったくありません。**子どもたちは、どの子も幸せになるように生まれてきています。**

では、親が子どものためにできることは何なのかと言うと、**子どもの「すごいな」「素敵だな」と思うところをたくさん見つけて、本人に伝えてあげる**ことです。

それは、生まれたときからずっと一番間近で見てきた親御さんだからこそできることです。それがお子さんの自信になり、自分の足で歩いていくための土台となります。

「完璧な親にならないと、子どもは幸せになれない」それは傲慢な考えです。そんなことは絶対にありません。どんな親であれ、子どもは育ちます。

今までどおり愛情を抱いてお子さんの様子を見聞きしていれば、口から自然と出てきた言葉が、お子さんを動かしてくれるでしょう。

この本の最後に、読者のみなさんにこの言葉を贈ります。

「うちの子すごいな」と言っていれば、だいたい何とかなります。

親の自分はどうであれ、「うちの子すごい！」こんなふうに考えられれば、もう大丈夫ですよ。

みなさまの子育てが有意義なものとなりますよう応援しています。

小川大介

著者 **小川大介**

（おがわ だいすけ）

教育家。見守る子育て研究所 所長

1973 年生まれ。京都大学法学部卒業。学生時代から大手受験予備校、大手進学塾で看板講師として活躍後、社会人プロ講師によるコーチング主体の中学受験専門個別指導塾を創設。子どもそれぞれの持ち味を瞬時に見抜き、本人の強みを生かして短期間の成績向上を実現する独自ノウハウを確立する。塾運営を後進に譲った後は、教育家として講演、人材育成、文筆業と多方面で活動している。6000 回の面談で培った洞察力と的確な助言が評判。受験学習はもとより、幼児期からの子どもの能力の伸ばし方や親子関係の築き方に関するアドバイスに定評があり、各メディアで活躍中。『頭がいい子の家のリビングには必ず「辞書」「地図」「図鑑」がある』（すばる舎）、『頭のいい子の親がやっている「見守る」子育て』（KADOKAWA）など著書・監修多数。

Facebook ページ：小川大介の『見守る子育て研究所』
YouTube チャンネル：見守る子育て研究所
Instagram @daisuke.o_edupro
Twitter　@Kosodate_Ogawa
見守る子育てオンラインサロン　https://mimamorukosodate.com/

装幀／井上新八　本文デザイン／齋藤知恵子（sacco）　イラスト／内野こめこ
編集協力／城戸千奈津

子どもが笑顔で動き出す　本当に伝わる言葉がけ

2021 年 8 月 24 日 第 1 刷発行

著者　小川 大介
発行者　徳留 慶太郎
発行所　株式会社すばる舎
〒170-0013　東京都豊島区東池袋 3-9-7　東池袋織本ビル
TEL　03-3981-8651（代表）　03-3981-0767（営業部直通）
FAX　03-3981-8638
URL　http://www.subarusya.jp/
振替　00140-7-116563
印刷　シナノパブリッシングプレス印刷株式会社

落丁・乱丁本はお取り替えいたします

ISBN978-4-7991-0980-9